Pater Karl Josef Wallner

Faszination Kloster

Gütersloher Verlagshaus

Inhalt

1. Herzlich willkommen!

Faszination Kloster

Ich bin Mönch. Und ich sage ein herzliches Willkommen! Willkommen in meinem Kloster, willkommen in meiner Welt und willkommen in meiner Seele. Seit fast 30 Jahren bin ich im Kloster, trage ein bodenlanges schwarz-weißes Gewand, wie es der Tradition der Zisterzienser entspricht, und stehe jeden Tag über drei Stunden beim Chorgebet, um mit meinen Mitbrüdern Gott mit Psalmen und Hymnen zu loben. Mein Kloster ist das Stift Heiligenkreuz im Wienerwald, das 1133 gegründet wurde. Wenn Ihnen der Name bekannt vorkommt, dann vielleicht deshalb, weil wir in den letzten Jahren ein wenig in die Öffentlichkeit geraten sind. Wir standen plötzlich im Rampenlicht, weil hier ein Oscar-Drehbuch geschrieben wurde, weil der Papst uns besuchte und wir mit einer CD die Musik-Charts stürmten. Obwohl auf der CD nichts anderes zu hören war als unser tägliches Gebet: unsere Gesänge im Gregorianischen Choral, mit denen wir Gott anbeten. Klöster sind eine faszinierende Welt, und der liebe Gott hat es gefügt, dass mein Kloster Heiligenkreuz besonders faszinierend ist.

Ich bin Mönch, und zwar ein christlicher Mönch. Das muss ich gleich eingangs deshalb betonen, weil die romantische Begeisterung für östliche Religionen, die in den letzten Jahren bei uns ausgebrochen ist, dazu geführt hat, dass man beim Wort *Mönch* schon eher an orangegekleidete buddhistische Shaolins denkt als an Benediktiner und Zisterzienser. Und noch genauer: Ich bin ein katholischer Mönch. Auch das muss ich gleich am Beginn anführen, weil es das Mönchtum auch in den altorientalischen und orthodoxen Kirchen

Harmonie von Romantik und Barock

gibt, und im Westen mit wenigen Ausnahmen nur in der katholischen Kirche. Martin Luther war zwar anfangs Mönch, er gehörte den Augustiner-Eremiten an, aber das war dann nicht sein Weg. Die Frau, die er heiratete, gehörte übrigens meinem Orden an, sie war Zisterzienserin. Das Katholisch-Sein ist auch insofern wichtig, als ich mit wahrer Begeisterung und Freude zu dieser katholischen Kirche stehe mit allem, was zu ihr gehört, auch wenn es ihr gerade nicht so gut geht im öffentlichen Ansehen. Dies alles muss ich gleich am Anfang erwähnen, weil ich dieses Buch ja schließlich auch deshalb schreibe, um ein bisschen Werbung für den katholischen Glauben zu machen, für einen Glauben, der mich selbst erfüllt und glücklich macht.

Ich weiß, dass viele Menschen heute auf der Suche sind, weil sie den Einheitsbrei eines Lebens, wo es immer nur um dasselbe geht, satt haben. Viele wollen einmal heraus aus dem Hamsterrad des Geldverdienens; viele haben das Gefühl, ganz innen drinnen ein großes Loch zu haben, das sich nicht zustopfen lässt. Vielleicht haben auch Sie zu diesem Buch gegriffen, weil Sie einmal etwas anderes wollen, weil Sie vom »Fast-Food«, das die Welt bietet, schon genug haben. Alles schmeckt irgendwie gleich: Am Anfang steht ein leckerer Geschmack, am Ende steht die Wirkung, dass man träge und dick geworden ist. Wir Mönche leben nach einem Alternativprogramm. Ein Kloster ist eine institutionalisierte Oase des Aussteigertums. Wir ernähren unsere Seele hier nicht mit fettmachendem Fast-Food, sondern mit biologischem Long-Food. Schließlich macht diese unsere Lebensform schon über Jahrhunderte Menschen glücklich, sonst wären wir ja längst ausgestorben. Dass wir Mönche definitiv nicht aussterben werden, das werde ich gleich anschließend erzählen. Der theologische Grund dafür liegt auf der Hand: Offensichtlich hat Gott den Menschen so intelligent geschaffen, dass er immer wieder fähig ist, sich zum Guten zu verändern. Ja, die Menschen sind bekehrbar. Der christliche Glaube macht uns da rettungslos optimistisch. Und ein Zeichen dafür, dass sich die Gesellschaft wieder für die wahren Werte öffnet, dass man sich wieder für das Richtige und Entscheidende zu interessieren beginnt, ist die Faszination, die unsere Klöster in den letzten Jahren auf die Menschen ausüben. Die Begeisterung für das Klosterleben ist ein richtiger Trend. Der Boom ist okay, denn er geht in die richtige Richtung.

Mein Kloster Heiligenkreuz ist voll mit jungen Berufungen. Ich bin Jugendseelsorger und als Rektor der Hochschule auch Anlaufstelle für viele, die Priester oder Ordensfrau werden wollen. Ich habe mir ein kleines Ritual, das ich von dem großen Theologen Hans Urs von Balthasar abgeschaut habe, angewöhnt: Jedesmal, wenn ein junger Mann mir sagt, dass er Priester werden möchte, oder wenn mir jemand offenbart, dass er ins Kloster eintritt, rauche ich vor Freude eine Zigarre. Sonst bin ich natürlich Nichtraucher, paffen gilt ja nicht als rauchen. Schön langsam wird dieser anfänglich nette Brauch aber gesundheitsgefährdend, ich komme gar nicht mehr nach. Letzten Sommer habe ich fast jeden zweiten Tag nach dem abendlichen Rosenkranz in unserem Klostergarten gesessen und habe mir unter mildem Abendhimmel die obligate Zigarre angeraucht …

Aber ich schreibe dieses Buch nicht, weil ich mit unseren vielen Berufungen angeben möchte und schon gar nicht, weil ich will, dass Sie ins Kloster eintreten … Bei Gott ist zwar nichts unmöglich, aber unsere Kapazitäten sind begrenzt. Nein, ich schreibe, weil Sie offensichtlich auch zu jenen gehören, die gerne ein wenig ausbrechen wollen aus einer Welt, der Atmosphäre, Geist und Sinn fehlt. Wenn Sie hineinschnuppern wollen in das klösterliche Leben, dann sind Sie herzlich willkommen. Aber Achtung: Klosterbücher gibt es mittlerweile wie Sand am Meer. Klosterbücher liegen im Trend. In meinem Büro für Öffentlichkeitsarbeit gibt es ganze Regale von Klosterurlaubsführern, Klosterpilgerpfaden, Kloster-ABCs und Klostererlebnisbüchern ... Meist von faszinierten Menschen geschrieben, die sich in einem nicht unwesentlichen Punkt von mir unterscheiden: Es sind Laien, die eine Zeitlang im Kloster mitgelebt haben und von der Wucht ihrer Eindrücke so überwältigt waren, dass sie unbedingt darüber schreiben mussten ... Ich muss Ihnen ehrlich gestehen, dass ich keinerlei positive Laienerfahrung mit dem Klosterleben habe. Heiligenkreuz lernte ich mit 16 kennen, es hat mich gar nicht überwältigt, das Chorgebet fand ich langweilig, das frühe Aufstehen anstrengend. Erst der Ruf hat dann alles umgedreht, und zu meiner eigenen Überraschung kniete ich am 31. Jänner 1982 vor dem damaligen Abt Franz und wurde als Novize eingekleidet. Mein Ordenseintritt kam so überwältigend schnell, dass ich keine Zeit hatte, auch nur annähernd so romantische Gefühle gegenüber dem Mönchsleben zu entwickeln, wie ich das aus der überbordenden Klosterliteratur herauslese. Plötzlich war ich mit 18 Jahren Zisterzienser und musste nachreifen. Ich habe mir die Liebe zum Ordensleben, zum Chorgebet, zum Gregorianischen Choral, zur Liturgie, zum Gehorsam, zur Zeitordnung im Rhythmus von Ora et Labora, Gebet und Arbeit, erst langsam erobern müssen. Was manchmal nicht leicht war. Dieses Buch schreibe ich als einer, der nicht ein paar Tage oder ein paar Wochen im Kloster war und sich schon während seines Trips als Mönch auf Zeit dauernd selbst beobachtet hat, um Notizen für ein künftiges Klosterbuch zu machen. Solche Typen kenne ich, die kommen auch als Gäste zu uns. Und manches, was sie schreiben, ist ja recht hilfreich. Aber was ich Ihnen hier biete, ist etwas anderes.

Ich wiederhole den ersten Satz: Ich bin Mönch. Der heilige Benedikt sagt in seiner Regel, dass man sich darauf nichts einbilden soll, weil man ja immer ein schlechter Mönch bleibt. Dass ich in meinem Mönchsein immer unter der hohen Latte durchlaufe, die der heilige Benedikt da gelegt hat, das ist mir voll bewusst. Aber auch wenn ich ein schlechter Mönch bin, bin ich doch ein Mönch oder versuche zumindest seit 30 Jahren, ein ordentlicher Mönch zu werden. Und was ich Ihnen hier zu lesen gebe, schreibe ich als einer, der

wirklich »bis zum Tod« in dieser Lebensform bleiben will. Jahrelang habe ich mein Leben als Zisterzienser überhaupt nicht reflektiert, es war einfach schön, hier an diesem lebendigen Ort mit seiner faszinierenden Liturgie und seiner herausfordernden seelsorglichen Offenheit Gott zu dienen. Erst als ich vor einigen Jahren die Öffentlichkeitsarbeit übernahm und mich mit dem regen Interesse der Journalisten – »Wie leben Sie? Was machen Sie? Warum leben Sie so? Wie halten Sie das aus?« – konfrontiert sah, musste ich beginnen, über das Warum und Wie meiner Existenzform nachzudenken. Das steigerte sich dann noch im Zusammenhang mit den hunderten Interviews – oder waren es tausende? –, die ich über den Erfolg unserer CD »Chant – Music for Paradise« geben musste. »Warum schauen Sie so glücklich aus? Kann man wirklich mit Gott sprechen? Warum stehen Sie jeden Tag so früh auf? Was spüren Sie, wenn Sie stundenlang beten? Wie kann man es ohne Fernseher aushalten?« Die Fragen haben mich selber bewegt und zum Nachdenken gebracht. Und dadurch habe ich mein Klosterleben noch mehr lieben gelernt.

Noch etwas habe ich mir angewöhnt, das eigentlich keine klösterliche Tugend ist, für die christliche Verkündigung jedoch unverzichtbar zu sein scheint: Dass ich nämlich offen und frei über mein Leben, meine Erfahrungen und meine Gedanken rede. Der heilige Benedikt gebietet das Schweigen, das wir auch heute durchaus einhalten. Wir reden nur, wo es notwendig ist, und die Nacht hindurch herrscht das heilige »Silentium nocturnum«, das nächtliche Stillschweigen. Im Mittelalter gab es in den Zisterzienserklöstern einen eigenen Raum, das »Parlatorium«, wohin man sich zurückzog, um miteinander zu reden. Doch ich denke, dass hier das berühmte »Tempora mutantur« gilt. Die Zeiten haben sich geändert. Eine Ordensgemeinschaft in der katholischen Kirche ist ohnehin niemals ein esoterischer Geheimbund, sondern immer ein Teil des öffentlichen kirchlichen Lebens. Es gibt bei uns auch keine Schweigegelübde und keine Sprechverbote. Der westlichen Welt heute geht es schlecht, sie hat ihre Mitte verloren, weil die Menschen nicht mehr in dieser kraftgebenden Beziehung zum lebendigen Gott stehen. Unsere Klöster sind »Orte der Kraft«, wie Papst Benedikt XVI. es formuliert hat. Warum sollten wir Mönche dann nicht den Menschen helfen, indem wir ihnen erzählen, wie schön es ist, mit Gott auf »Du und Du« zu leben? Freilich: In der Kirche werden viele Bücher über Gott und allerlei Drumherum geschrieben, das Meiste in einer sehr ernsten und feierlichen Sprache. Als Theologe kenne ich dieses Geschäft des Verfassens oder Lesens von Fachartikeln oder Fachbüchern; es ist mit dem Stigma der Mühsamkeit verbunden. Diese Mühsamkeit möchte ich Ihnen und mir ersparen, auch wenn es ein bisschen gegen meine Theologenehre ist. Wenn man sich bei uns in Österreich in einer entspannten und lockeren Atmosphäre austauscht, dann nennt man das »plaudern«. Wir haben eine eigene Kaffeehauskultur entwickelt, um dieses Plaudern zu praktizieren. Das Angenehme daran ist, dass man nicht jedes Wort auf die Waagschale legen muss, dass man sich selbst öffnen kann, ohne immer die Wirkung zu berechnen. Denn das Plaudern hat eben kein Ziel, es möchte den anderen nicht überzeugen, es möchte nicht manipulieren, es möchte einfach bezeugen.

Willkommen in meiner Seele!

Ich werde nun also als Mönch über das Klosterleben plaudern. Und zu diesem Plaudern gehört es, dass die persönlichen Empfindungen und die eigenen Erlebnisse vorkommen. Willkommen also auch in meinem eigenen Leben! Wenn Sie weiterlesen, werden Sie mich ein Stück besser kennenlernen. Dieses Buch ist ein Seelenführer, denn ich möchte Sie ein Stück in meine eigene Seele mitnehmen. Für mich ist das ein Wagnis, denn je mehr man sein Herz öffnet, desto verwundbarer wird man. Und es gilt ja auch das »*Si tacuisses, philosophus manisses!*« Wer schweigt, wird eher für weise gehalten als einer, der seine Seele auf der Zunge trägt. Dieses Risiko nehme ich auf mich, weil ich denke, dass ich bei Gott in der Schuld stehe. Ich bin nämlich wirklich glücklich in dieser Lebensform als Mönch. Derzeit wird in der Kirche zu viel geschwiegen über das Wunderbare des Glaubens, über die Schönheit der christlichen Spiritualität, über die Kraft, die in unseren Gebeten steckt, über den Trost, der sich dem Glaubenden erschließt ... Darum hoffe ich nicht, dass es gegen die Demut ist, wenn ich so viel von mir spreche. Mir wäre es auch lieber, wenn ich mich mit der Aura des weisen Schweigens umgeben könnte, anstatt mir die Seele aus dem Leib zu plaudern, um ein bisschen gute Stimmung für den lieben Gott zu machen. Manchmal gehört auch Demut dazu, nicht zu schweigen und sich der Öffentlichkeit preiszugeben. Deshalb habe ich am Anfang gesagt: Willkommen in meinem Leben! Ich finde keinen plausiblen Grund, warum ich das Wort des Herrn nicht auf mich anwenden sollte: »Was ich euch im Dunkeln sage, davon redet am hellen Tag, und was man euch ins Ohr flüstert, das verkündet von den Dächern.« (Matthäus 10,27).

Freilich muss ich noch eine kleine Warnung an die besonders frommen Leserinnen und Leser einfügen. Der Pater Karl, der hier vor sich hinplaudern wird, hat es sich nicht ausgesucht, dass er an einem Faschingssonntag in Wien geboren wurde. Ich kann schon ernst sein, ich kann schon getragen und seriös auftreten, aber hier werde ich eher dem Wesenszug meiner Natur frönen, der durch meinen Geburtstag markiert ist.

Wer tiefschürfende spirituelle Unterweisung erwartet, der soll bitte nicht weiterlesen. Oder wenn er doch weiterliest, dann soll er wissen, dass er die Fähigkeit braucht, zwischen den Zeilen zu lesen, um fündig zu werden. Bücher für die Superfrommen gibt es ohnehin genug; dieses Buch ist für die geschrieben, die es erst werden sollen. Und wenn, dann bitte so, dass sie beim Wachsen im Glauben die Fröhlichkeit nicht ablegen. Denn ein Christ, der nicht auch froh sein kann, wäre ein trauriger Christ.

Aber ich muss noch eine zweite Warnung anfügen, dieses Buch ist nämlich, zumindest hintergründig, als Werbeschrift gedacht. Einer meiner Aufgabenbereiche hier im Kloster trägt den Namen »Öffentlichkeitsarbeit«. Eine junge Schülerin von mir, die ihre Diplomarbeit in Sozialwissenschaft über die »PR im Zisterzienserkloster Heiligenkreuz« geschrieben hat, hat mir den Unterschied zwischen Öffentlichkeitsarbeit und Werbung erklärt. Öffentlichkeitsarbeit ist, wenn man einfach zeigt, wie man ist. Und das tue ich über die täglich neuen Nachrichten auf der Homepage, meine Mitbrüder über Facebook und unseren eigenen YouTube-Kanal. Es geht uns darum, einfach die neuen Mittel der Technik zu nutzen, um den Menschen »draußen« zu zeigen: Schaut, so schön ist es im Kloster. Der heilige Paulus hat hierfür das Motto vorgegeben, wenn er schreibt: »Wir waren euch so zugetan, dass wir euch nicht nur am Evangelium Gottes teilhaben lassen wollten, sondern auch an unserem eigenen Leben, denn ihr wart uns sehr lieb geworden.« (1 Thessalonicher 2,8). Öffentlichkeitsarbeit dient dazu, die verschrobenen und klischeehaften Vorstellungen vom Klosterleben zu zerstreuen. In gewisser Weise ist die Öffentlichkeitsarbeit also »absichtslos«. Ganz anders ist es mit der »Werbung«, denn Werbung will etwas. Werbung möchte eine Veränderung auf Seiten des Adressaten. Werbung hat eine suggestive Absicht: »Ich möchte, dass du dieses und jenes kaufst; dass du dieses und jenes tust.« Darum muss ich die Karten offen auf den Tisch legen. Mein Plauderton ist zu neunzig Prozent zweckfrei. Jesus sagt, dass der Mund dessen überfließt, wessen Herz voll ist. So geht es mir. Doch da bleiben doch zehn Prozent Absicht, also Werbung. Ich gestehe, dass es mich freuen würde, wenn die Klöster bei uns noch mehr geschätzt werden; mehr noch: Ich würde mich freuen, wenn sich noch mehr Menschen trauen, sich als Gast in ein christliches Kloster zurückzuziehen; wenn sie hier wieder christliche Spiritualität entdecken und wertschätzen lernen. Um ganz offen zu reden: Wenn ich Papst wäre, dann würde ich dafür sorgen, dass alle jungen Katholiken eingeladen werden, zumindest für zwei, drei Monate in einer klösterlichen Gemeinschaft mitzuleben – wie das im Buddhismus regulär der Fall ist. So ein »spirituelles Jahr« wäre doch einmal etwas Innovatives für die Kirche! Wenn der heilige Benedikt vor eineinhalb Jahrtausenden in seiner Regel das Kloster eine »Schule für den Dienst am Herrn« genannt hat, warum sollte man das nicht aktualisieren und unsere Klöster zu »Schulen« im Kampf gegen das spirituelle Verhungern und den religiösen Analphabetismus ausbauen? Zumindest darauf zielt meine »Werbung« ab, dass sich möglichst viele trauen, sich einmal auf das Abenteuer einzulassen und Gast in einem Kloster zu werden.

Uralt und doch jung

Mönch ist man immer an einem konkreten Ort, in einem konkreten Kloster. Der heilige Benedikt schreibt zwar, dass man an allen Orten Christus dient, dennoch muss sich eine Berufung zum Mönchtum konkretisieren. In der Formel, mit der wir nach den Probejahren die »Ewigen Gelübde«, die sogenannte Feierliche Profess, ablegen, heißt es sogar, dass wir Gott *in hoc loco, qui vocatur Sancta Crux* dienen wollen, das heißt: »an diesem Ort, der Heiligenkreuz genannt wird«, – und keinem anderen. Wir treten ins Kloster ein, um in der Weite des Herzens Gott zu lieben und Gott zu dienen. Aber Weite erreicht man nicht durch Bindungslosigkeit und Beliebigkeit. In der menschlichen Liebe ist das ja auch so: Liebe ist nicht wirklich Liebe, wenn ich gleichsam abstrakt »das Weibliche« oder beliebig »die Frauen« liebe. Liebe ist erst dann groß und weit, wenn es konkret die Eine gibt, in die ich mich verliebt habe, und diese die Einzige ist, mit der ich mein Leben teilen möchte.

Es gibt viele Klöster, in Österreich allein 32 alte Stifte der Benediktiner, Zisterzienser, Augustiner-Chorherren und

Prämonstratenser. Und dazu noch eine Fülle von anderen Orden und gottgeweihten Gemeinschaften. Mein Kloster ist Heiligenkreuz, und über dieses Kloster muss ich zunächst einmal erzählen. Dabei geht es mir nicht um das Exklusive und Besondere meines Klosters, sondern ich sehe das, was wir hier leben und erleben, als ein »pars pro toto«, als einen Teil, der für das Ganze steht. Sicher gibt es einige Besonderheiten, die es nur und allein in Heiligenkreuz gibt. Doch die grundlegenden Erfahrungen, über die ich erzählen möchte, kann man auch in allen anderen Klöstern machen.

Stift Heiligenkreuz heißt mit korrektem Titel: »Kloster Unserer Lieben Frau zum Heiligen Kreuz«. »Stift« nennt man bei uns in Österreich die uralten Klöster, die auf einen prominenten Stifter zurückblicken können. Im Mittelalter war für das Gelingen einer Klostergründung maßgeblich, dass es mit ausreichendem Grundbesitz ausgerüstet wurde, um sich dann selbst wirtschaftlich erhalten zu können. Heiligenkreuz ist bis heute eines der größten Stifte Österreichs, und das verdankt es vielleicht der Fürsprache des Stifters, der nämlich ein Heiliger war. 1133 stiftete Leopold III., Markgraf von Österreich, aus der Familie der Babenberger, unser Kloster. Hinter der Klostergründung steht eine abenteuerliche Familiengeschichte, denn Markgraf Leopold III. war mit der Schwester des Kaisers, Agnes, verheiratet, und hielt offensichtlich etwas darauf, seinen vielen Kindern eine gute Ausbildung zu ermöglichen. Einen seiner Söhne, Otto, schickte er zum Studium nach Paris. Zu dieser Zeit erlebte der Zisterzienserorden gerade seine erste Blüte. Das Kloster Cistercium, von dem sich der Name »Zisterzienser« ableitet, war erst 1098 gegründet worden, und Schlag auf Schlag folgte

eine Tochtergründung nach der anderen. Besagter Otto trat nun in Morimond ein, wurde Zisterzienser und bewegte seinen Vater Leopold, in seiner weit entfernten Markgrafschaft im Osten ein Kloster zu gründen. Dieser familiäre Hintergrund ist sogar in der Gründungsurkunde von 1136 festgehalten. Otto wurde dann später Abt, schließlich Bischof von Freising. Auch er wird als Seliger verehrt, sodass gleichsam zwei Heilige am Ursprung meines Klosters stehen.

Im 12. Jahrhundert entstanden hunderte von Zisterzienserklöstern, denn unser Orden war eine Art explosionsartige Aufbruchbewegung innerhalb der damaligen Kirche. Doch in den meisten Ländern wurden die Klöster im Laufe der Jahrhunderte aufgehoben oder gar zerstört. Frankreich etwa ist in Folge der Französischen Revolution übersät mit Klosterruinen; in Deutschland hat die Reformation und im 19. Jahrhundert die Säkularisation vielen Abteien ein Ende bereitet. Österreich ist hier die Ausnahme; trotz Türkennot im 16. und 17. Jahrhundert, trotz Josephinismus, trotz Nationalsozialismus und teilweiser sowjetischer Okkupation ist unser Land immer noch übersät von alten Stiften, in denen das Ordensleben intakt ist. In gewisser Weise hat sich hier der Reformkaiser Joseph II. (1780-1790) »Verdienste« erworben. Nicht, weil er das Mönchtum geliebt hätte, im Gegenteil. Das stundenlange Chorgebet galt dem Kaiser, dem aufgeklärten Sohn Maria Theresias, als gesundheitsschädliches »Geblöke« und musste aus dem Kirchenraum verschwinden. Die Mönche transferierten daraufhin das Chorgestühl auf Kirchenemporen oder in Seitenkapellen und übernahmen eilig Pfarren, um der Aufhebung zu entgehen. Hunderte Klöster hob Kaiser Joseph II. auf, während er gleichzeitig

»nützliche« Orden, die Schul- oder Krankendienst betrieben, förderte. Die kaiserlichen Kirchenreformen nahmen zumindest der aggressiven antikirchlichen Stimmung, die sich in Frankreich in regelrechten Massakern an Priestern und Ordensleuten entlud, den Wind aus den Segeln. Und nicht wenige Mönchsklöster, die bereit waren, auch Pfarrseelsorge oder andere seelsorgerliche Aufgaben zu übernehmen, ließ der Kaiser ja bestehen. Gott sei Dank auch Heiligenkreuz. Nach der mündlichen Tradition unseres Hauses hat Joseph II. Heiligenkreuz persönlich per Handbillet vor der Aufhebung gerettet.

So kann mein Kloster heute auf eine ununterbrochene Geschichte von fast 900 Jahren zurückblicken; es ist sogar das einzige Zisterzienserkloster der Welt, das – formal – ohne jede Unterbrechung durchgehend besteht. Nur ein Zisterzienserkloster ist älter, das ist Stift Rein in der Steiermark, das 1129 gestiftet wurde, also vier Jahre vor uns. Dass es unter den Nationalsozialisten aufgehoben war, kann sich dieses Kloster eigentlich als Ehre anrechnen, und heute betont Pater August, der im Stift Rein für die Öffentlichkeitsarbeit zuständig ist, lustvoll, dass Rein das »weltälteste Zisterzienserkloster« ist. Diese Ehre wollen wir den Mitbrüdern in Rein gerne lassen, dürfen wir uns doch wiederum daran erfreuen, dass bei uns die mittelalterliche Klosteranlage in ihrer strahlenden Schönheit vollständig erhalten ist, während Rein im 17./18. Jahrhundert im üppigen Barockstil umgebaut wurde. Da macht es uns gar nichts aus, uns mit dem Titel »zweitältestes Zisterzienserkloster der Welt« zu begnügen.

Die Klosteranlage von Heiligenkreuz ist eine Sensation, denn sie ist pures Mittelalter. Die Abteikirche stammt im romanischen Teil aus dem 12. Jahrhundert, das Langhaus von 1187 wurde 1295 durch einen lichtdurchfluteten hochgotischen Hallenchor ergänzt. Der Kreuzgang stammt von 1240. Mit Recht besichtigen hunderttausende Touristen jährlich unser Kloster. Gotisches Brunnenhaus, Lesegang, Kapitelsaal, Dormitorium, Fraterie, barocke Totenkapelle und Annakapelle, die hochbarocke Sakristei. All das ist atemberaubend. Nicht nur für die kultur- und geschichtsbeflissenen Touristen, sondern auch für uns Mönche selbst, zumindest für mich. Auch nach 30 Jahren läuft mir ein wenig die Gänsehaut über den Rücken, wenn ich um 5 Uhr morgens durch den mittelalterlichen Kreuzgang in die Abteikirche laufe, vorbei an dem Wald von Säulen, die das »Paradies« andeuten sollen, in dem sich der Mönch nach mittelalterlicher Vorstellung befindet. Wenn ich mich in der Großen Sakristei schweigend mit den liturgischen Gewändern bekleide und mir Christus aus einem prachtvollen Barockgemälde aus seiner Verklärung her zulächelt ... Im Lauf der Jahre gewöhnt man sich zwar ein wenig daran, in einer Art »Sacro-History-Land« leben zu dürfen, aber nicht ganz. Der Schauer der Größe der Geschichte bleibt immer erhalten.

Wir leben hier in einer einzigartigen Geschichtskulisse, das prägt sich auch der Seele ein. Umgeben von Räumen, die die Ereignisse von 900 Jahren erzählen, beginnt man plötzlich selbst in Jahrhunderten zu denken. Mir ist das in meinem ersten Klosterjahr bewusst geworden. Damals war ich als Novize, also als »Neuling« im ersten Jahr, ganz fasziniert von der Weite der historischen Räume, in denen ich plötzlich leben durfte. Damals erhielt ich plötzlich den Anruf des Klosterpförtners: Unangemeldet sei ein hoher US-

Minister der Reagan-Administration angekommen. Es sei niemand sonst zu finden, der Englisch spricht, ich solle doch die Führung halten. Normalerweise wurden solche Prominentenführungen immer von erfahrenen alten Mitbrüdern gemacht, meist von Pater Gregor Henckel Donnersmarck, dem späteren Abt. Jedenfalls wurde ich als Novize auf den Minister losgelassen und führte den Herrn, der umgeben war von Kaugummi kauenden Bodyguards, durch mein heißgeliebtes Kloster. Es war eine einzige Frustration, denn je mehr ich schwärmte: »*The church ist from 1187, almost 800 years old … The windows of the fountain house are 700 years old …*«, desto heftiger wehte mir höfliches Desinteresse entgegen. Übrigens kaute auch der Minister Kaugummi, ja, es war wie in einem Klischeefilm. Mein Frust wuchs immer mehr, bis wir schließlich in der Barocksakristei ankamen. Ich kann es nicht verbergen, aber Barock ist gar nicht mein Stil; zudem stehen dort Schränke, die von zwei Laienbrüdern um 1804 angefertigt wurden und mit Intarsien verziert sind. Es handelt sich um eine nette handwerkliche Leistung, aber keinesfalls um wirkliche Kunstwerke. Schon etwas genervt vom ostentativen Desinteresse sagte ich, dass diese Schränke »almost 200 years« alt sind. Und genau das war, als würde ich bei meinem amerikanischen Gast einen Hebel umlegen. Euphorie ist gar kein Ausdruck, er hob regelrecht ab: »That is wonderful, marvellous, tremendous, fantastic, incredible …«. Und er erzählte mir, dass er auch ein kleines Schränkchen mit Intarsien aus dem 19. Jahrhundert für sein Wohnzimmer erworben hatte. Die Führung habe ich dann so fortgesetzt, dass ich die Kunstwerke angepriesen habe, die unter 200 Jahre alt waren. Das erzielte nun endlich Wirkung, denn bei Menschen, die aus einem Kontinent stammen, der erst entdeckt wurde, als es mein Kloster bereit 359 Jahre lang gab, und aus einem Land, das seine Unabhängigkeit erhielt, als Heiligenkreuz bereits 643 Jahre alt war, muss man mit Zeitdimensionen arbeiten, die für sie vorstellbar und fassbar sind. Dabei haben wir Europäer aber keinen Grund, uns über Menschen jüngerer Kulturen lustig zu machen. Auch bei uns schwindet ja beständig der Sinn für die großen Zeiträume unserer Geschichte und Kunst. Wir alle, die wir in Heiligenkreuz als Mönche leben, haben erst hier den großen Atem der Geschichte kennengelernt. Und ich denke oft an meine liebe Großmutter, Gott hab sie selig, die jedesmal, wenn sie mit mir durch den mittelalterlichen Kreuzgang gegangen ist, gefragt hat: »Warum lasst ihr die hässlichen Mauern nicht endlich verputzen?«

Die Kirchenreformen von Joseph II. haben in Österreich eine spezifische Form des Mönchtums und des Ordenslebens hervorgebracht, die weltweit einzigartig ist. Die Regel des heiligen Benedikt, nach dem die beiden großen Mönchsorden Benediktiner und Zisterzienser leben, kennt keine Seelsorge im Außenbereich des Klosters. Das Wort Kloster kommt von »*claustrum* – abgeschlossen«, und der heilige Benedikt ordnet in seiner Regel an, dass die Mönche nicht draußen »herumschweifen« sollen, ja, dass sie alles, was sie zum Leben brauchen, innerhalb des klösterlichen Bereiches finden sollen. Der Josephinismus ließ nun zwar einige Klöster bestehen, verformte aber ihren Geist: Man musste, um weiterbestehen zu können, seelsorgerliche Aufgaben außerhalb übernehmen. Das Stift übernahm Pfarren, man sprach sogar von einer »Inkorporation«, einer »Einverleibung« der Pfarren in den klösterlichen Bereich. Freilich kann ein Mönch, der als Pfarrer eine Pfarre leitet, nicht zugleich wie ein Mönch leben. All die klösterlichen Gebräuche wie Chorgebet, Stillschweigen, Geistliche Lesung, gegenseitiger Gehorsam fallen weg. Das Pfarrersein eines Teils der Mönche wirkte sich auch aus auf die »Besatzung«, die weiterhin im Hause lebte. Man betrachtete sich plötzlich nicht mehr als bescheidener Mönch, sondern als »Stiftsherr«. Viele klösterliche Tugenden starben in den österreichischen Stiften im 19. Jahrhundert regelrecht aus. Da die Stifte ja über ökonomische Mittel verfügten, konnte man sich Angestellte für die einfachen Arbeiten im Kloster leisten, sogar für den klösterlichen Bereich: Pforte, Küche, Handwerks- und Wirtschaftsbetriebe wurden mit bezahlten Arbeitern und Angestellten besetzt. Die Mönche blieben zwar nicht untätig, aber als einzige ihnen gemäße Aufgabe betrachteten sie bald nur mehr die Seelsorge bzw. den Unterricht in den angeschlossenen Schulen. Im Fall von Heiligenkreuz war das die 1802 gegründete heutige Hochschule.

Die eigentliche Berufung, die Gott uns Mönchen geschenkt hat, ist die Berufung, ihn zweckfrei zu preisen: das gemeinsame Chorgebet war aber in der josephinisch-aufklärerischen Atmosphäre staatlich verboten und aus der Kirche verbannt worden, da man es als gesundheitsschädlich ansah. Die Mönche zogen sich zum Gebet auf eine Empore in der Kirche zurück. Heiligenkreuz wäre heute nicht Heiligenkreuz, hätte nicht nach der Not von 1945 der damalige Abt Karl Braunstorfer eine Welle der Begeisterung für das monastische Leben ausgelöst. Für diesen Abt Karl läuft mit Recht ein Seligsprechungsprozess, schon deshalb,

weil er die Reformen gegen großen Widerstand josephi-
nisch geprägter Mitbrüder durchführen musste. So ließ er
1949 die barocke Orgelempore abreißen und das Chorgestühl wieder an seinen Platz mitten in der Kirche stellen.
Nach über 150 Jahren sah die Abteikirche endlich wieder
wie eine Mönchskirche aus. Und die Mönche waren beim
Chorgebet wieder sichtbar, vorher waren sie auf der Empore versteckt. Was aus den Augen ist, das ist aber aus dem
Sinn. Heute ist es gleichsam ein Markenzeichen unseres
Klosters, dass die Menschen an unserem Chorgebet teilnehmen können, um in Stille den Gesängen des Gregorianischen Chorals zu lauschen.

Unter Abt Karl Braunstorfer fiel noch eine wichtige Entscheidung, die Heiligenkreuz das heutige Gepräge gibt: Von
1962 bis 1965 fand das Zweite Vatikanische Konzil statt, das
heute in kirchlichen Diskussionen oft nur »das Konzil« genannt wird. Das Konzil wollte die Reform der Liturgie, aber
es wollte keinesfalls die Zerstörung uralter spiritueller Ge-
betsformen. Das Konzil erlaubte die Landessprache für die
Heilige Messe und die anderen Gebete, aber es hat das Latein
nicht abgeschafft. Abt Karl und die damals maßgeblichen
Mitbrüder entschieden, dass die Heiligenkreuzer Zister-
zienserliturgie reformiert werden soll. Das Latein – und
damit den Gregorianischen Choral – wollte man aber unbedingt beibehalten. Obwohl das Konzil ausdrücklich sagt,
dass »die Kleriker beim Stundengebet das Latein beizubehalten haben« (Sacrosanctum Concilium Nr. 101 § 1) und sogar anordnete, dass »die Gläubigen die ihnen zukommenden
Teile der Messe auch lateinisch miteinander sprechen oder
singen können« (Sacrosanctum Concilium Nr. 54), lag diese

Entscheidung damals gar nicht im Trend! Überall hatte sich schon die Mär verbreitet, dass das Konzil das Latein abgeschafft, ja sogar verboten habe. Dazu kam die 1968er-Mentalität, die auch weite Teile des Klerus erfasst hatte. Damals war Heiligenkreuz wegen der Treue zum Gregorianischen Choral und zum Latein »out«. Aber die Zeiten haben sich geändert. Heute ist mein Kloster aus eben diesem Grund wieder »in«.

Keine Dinosaurier

Wer hätte das gedacht! Als ich 1982, kurz vor meinem 19. Geburtstag, im Stift Heiligenkreuz eingetreten bin, warnte mich sogar mein Heimatpfarrer: »Du wirst doch nicht in dieses alte Kloster eintreten, die leben ja nicht zeitgemäß: In Heiligenkreuz singen sie noch Latein. Die sind am Aussterben.« Diese Worte fallen mir heute noch manchmal ein, wenn ich beim Chorgebet aufschaue und mein Blick über die große Schar der Brüder schweift. Das Chorgestühl ist gefüllt mit jungen, weißen Mönchen ... Nein, die Warnung hat sich nicht bestätigt. Wir sind nicht nur nicht ausgestorben, sondern mein Kloster hat den höchsten Personalstand seit 500 Jahren. Und ich bin absolut zuversichtlich, dass Gott uns auch weiterhin viele gute Berufungen schicken wird.

1982 war mir noch nicht bewusst, dass Mönche ja eigentlich »die erfolgreichste Firma« der Welt sind. Wir Zisterzienser sind reformierte Benediktiner und leben nach einer Regel, die der heilige Benedikt in der ersten Hälfte des 6. Jahrhunderts verfasst hat, also vor 1.500 Jahren. Und seither ist das benediktinische Mönchtum ein Erfolgsprogramm, das höchstens durch den Gottes- und Glaubenshass, den es leider in den letzten Jahrhunderten immer wieder gegeben hat, zerstört oder beschädigt werden konnte. Das Mönchtum ist eine geistig stabile Bewegung innerhalb der Kirche. Und ich danke Gott, dass ich dieser erfolgreichen Bewegung angehören darf. Speziell in Heiligenkreuz hat Gott uns in den letzten Jahren einige wirkliche Erfolgserlebnisse geschenkt, die mich zu einem geradezu euphorischen Optimisten machen. Ich bin überzeugt, dass das klösterliche Leben ein großes Potential auf Zukunft hin hat. Mönchtum ist zeitlos modern, weil wir nach einer zeitlos richtigen Grundoption leben, die Jesus im Evangelium mit den Worten formuliert hat: »Euch muss es zuerst um das Reich Gottes und um seine Gerechtigkeit gehen; dann wird euch alles andere dazugegeben.« (Matthäus 6,33). Ich muss gestehen, dass ich auch dazugelernt habe.

Vor 30 Jahren war ich nicht so überzeugt, dass meine Lebensform als Mönch in einem fast 900 Jahre alten Kloster zukunftsfähig ist. Solche Reflexionen und Grübeleien waren mir damals ohnehin fremd, denn ich hatte mich einfach in den lieben Gott verliebt, dann kam Sein Ruf, der mich kurzfristig verblüfft, irritiert und regelrecht schockiert hat. Gottes Ruf war so deutlich, dass mir gar keine andere Wahl blieb, als zum damaligen Abt zu gehen und um Aufnahme zu bitten. Und plötzlich war ich Mönch, mit 18 Jahren, trug einen neuen Namen, den Ordensnamen »Karl«, und lief mit einem bodenlangen Gewand herum ... Wer von Gott gerufen wird, der folgt. Erst jetzt in den letzten Jahren, wo mein Kloster von Gott so stark auf eine Bühne gestellt wurde, versuche ich, meine Erfahrungen zu reflektieren. Hier im Kloster läuft heute im Prinzip alles so wie immer. Von den fast 900 Jahren, in denen Heiligenkreuz besteht, überblicke ich natürlich nur die Spanne von etwa drei Jahrzehnten. Alles ist heute so wie damals. Nur, dass wir viel mehr geworden sind. Wir haben uns seither verdreifacht und den Altersschnitt enorm gesenkt. Sonst läuft ein Tag im Kloster heute genauso ab wie 1982, als ich als frisch eingekleideter Mönch durch die Gänge stolperte und aufpassen musste, dass ich nicht beim Stiegensteigen über das ungewohnte lange Gewand, den Habit, stolperte. Bei den Karthäusern, dem strengsten Orden der Kirche, gilt der Grundsatz: »Stat crux, dum volvitur orbis! Das Kreuz steht fest, während die Welt sich dreht.«

Der Stabilität des klösterlichen Lebens steht die Flüchtigkeit der Moden und Strömungen der Welt gegenüber. Der Heilige Geist ist weit weniger launenhaft als der Zeitgeist. Die steife Moderne ist in die bunte Postmoderne hinübergekippt. Das Liberal-Sein nach dem Motto »Ich tue, was mir gefällt«, muss man sich heute nicht mehr erobern, wie das die 1968er-Bewegung noch wollte. Heute ist ohnehin alles erlaubt, was einem Spaß macht. Die Jungen müssen nicht mehr gegen eine strenge Eltern- oder Großelterngeneration rebellieren, denn die Alten tun ja auch, was sie wollen und wie sie's wollen. »*Panta rhei* — alles fließt!« Und wie man früher starren Ordnungen entfliehen wollte, hat sich heute eine regelrechte Sehnsucht entwickelt, nach Geborgenheit und Identität, eine Sehnsucht nach »geordneten Verhältnissen«. Und genau das bietet ein Kloster. Freilich: Das Prinzip, das bei uns alles ordnet, ist nicht der militärische Drill einer Kaserne, sondern der fröhliche Glaube an einen liebenden Gott und die Gewissheit, dass es nichts Schöneres gibt, als für diesen Gott zu leben.

Tempora mutantur! Die Zeiten ändern sich wirklich. Unsere Klöster sterben nicht aus, im Gegenteil: Sie ziehen suchende Menschen an. Wenn ich früher eine Führung durch unsere mittelalterliche Klosteranlage machte, kam mit Sicherheit irgendwann die Frage: »Herr Pater, wie viele Mönche leben hier denn *noch*?« Das »*noch*« habe ich immer als ein extrem unbehagliches Wort empfunden. Denn da schwingt ja der Verdacht mit, als seien wir Mönche so etwas wie Dinosaurier, die kurz vor dem Aussterben stehen. Es hat sich jedoch herumgesprochen, bei uns zumindest seit dem Besuch von Papst Benedikt XVI. im Jahre 2007, dass wir Mönche nicht auf der Liste der aussterbenden Tierarten stehen, sondern dass das Gegenteil der Fall ist. Mein Kloster Heiligenkreuz ist voll mit jungen Mönchen, der Altersschnitt liegt um 46 Jahre, sodass ich mich schon als Oldie fühlen darf. Wir haben nicht das Problem leerstehender Räume, sondern im Gegenteil: Wir werden in den nächsten Jahren

dringend Hilfe benötigen, um dazuzubauen, denn wir haben jetzt bereits zu wenige Zimmer für den Ordensnachwuchs, und auch unsere Hochschule platzt aus allen Nähten.

Wenn ich das schreibe, so klingt das vielleicht ein bisschen hochmütig. Das ist es nicht, denn wir können uns ja diese Fruchtbarkeit, die wir erleben, selbst nicht erklären. Die Ursache liegt nicht bei uns, sondern bei Gott. Und wenn heute so viel Schlechtes über die Kirche geredet wird, dann muss es doch auch einmal erlaubt sein, über das Gute zu reden, das Gott gemacht hat. »*Haec fecit Dominus*! Dieses Werk hat der Herr gemacht!«, heißt es am Ende von Psalm 22 (Psalm 22,32), den Christus selbst am Kreuz anstimmt. Jesus sagt: »Ihr seid das Licht der Welt. Eine Stadt, die auf einem Berg liegt, kann nicht verborgen bleiben. Man zündet auch nicht ein Licht an und stülpt ein Gefäß darüber, sondern man stellt es auf den Leuchter; dann leuchtet es allen im Haus. So soll euer Licht vor den Menschen leuchten, damit sie eure guten Werke sehen und euren Vater im Himmel preisen.« (Matthäus 5,14-16).

»Pop-Mönche«?

Durch das, was uns in den letzten Jahren passiert ist, ist unser Kloster eines der bekanntesten Europas geworden. Ohne dass wir es gesucht oder gewollt hätten. Wenn man heute »Heiligenkreuz« in eine Internet-Suchmaschine eingibt, dann wird man über eine Million Treffer finden, wobei man ein paar Hits für die beiden anderen Orte gleichen Namens in Österreich abziehen muss … Unsere Homepage

Prozession im Klausurgarten

zählt seit 2007 zwei Millionen Besucher. Wie kam es dazu, dass Heiligenkreuz so bekannt wurde? Die Geschichte habe ich wohl schon hunderte Male erzählt und tue es schon deshalb wieder gerne, weil in ihr so viele kleine Wunder stecken, dass ich sie als Lobpreis auf das Wirken Gottes verstehe. Das Jahr 2007 stellt eine gewisse Zäsur dar. Freilich: Heiligenkreuz war schon vorher berühmt. Wir zählten bis 2007 bereits 150.000 Klosterbesucher, hatten zahlreiche Berufungen, durften uns über das Wachsen der Hochschule und den Zustrom von Jugendlichen zu unseren Jugendgebeten freuen. Da ich bei all dem, was dann passierte, als Verantwortlicher für die Öffentlichkeitsarbeit tätig war, denke ich mir in aller Kindlichkeit: Offensichtlich hatte dem lieben Gott unser treues und konzentriertes Leben gefallen; offensichtlich brauchte er uns, um durch uns ein bisschen Werbung für sich zu machen.

Das Jahr 2007 war aus zwei Gründen spannend. Zum einen wurden wir urplötzlich zum Oscar-Kloster. Mittlerweile ist es ja schon fast Routine, dass jedes Jahr ein Oscar an einen österreichischen Film (2008: »Die Fälscher«) oder einen österreichischen Schauspieler (2010: Christoph Waltz) geht. Das war damals noch nicht so eingespielt; umso größer war der Medienhype. Der Neffe des Abtes Gregor Henckel Donnersmarck, Florian Henckel von Donnersmarck, hatte gleich mit seinem ersten Film den Oscar gewonnen: »Das Leben der Anderen« ist ein Film, der zutiefst therapeutisch auf die Seele der wiedervereinigten Deutschen wirkt, und das Drehbuch dazu hatte Florian in einer asketischen Mönchszelle bei uns geschrieben. In der Öffentlichkeit hatte ich bis dahin immer nur mit braven Journalisten aus dem kirchlichen oder dem kulturellen Bereich zu tun, die zahme Dokumentationen über Klosterbibliotheken oder Klostergärten drehen wollten. Jetzt kam ein Ansturm von Journalisten. Ungewohnt, aber sympathisch. Die klischeehaften Vorurteile vom weltfremden Kloster bröckelten sehr schnell, als sie uns Mönche mit Handys und Laptops hantieren sahen. Die Fragen waren naiv, doch unsere Botschaft war: Ein Kloster ist ein Ort der Kreativität und der Inspiration. Tatsächlich kommen jetzt immer wieder Künstler, Schriftsteller und Komponisten zu uns, um sich zurückzuziehen. Manche möchten sogar ausdrücklich in der Zelle wohnen, wo Florian damals wie ein Mönch, fern von seiner Frau und seinen kleinen Kindern, das Drehbuch verfasste.

Wenige Tage nach dem Oscar-Trara wurde es noch spannender. Am 8. März kam die Nachricht, dass Papst Benedikt XVI. sich wünschte, bei seiner Pilgerreise nach Mariazell im September 2007 Heiligenkreuz zu besuchen. Das rückte uns wiederum völlig in den Fokus der katholischen Öffentlichkeit. Wie stark, wurde mir noch einige Jahre später bewusst, als ich in Rom war und im Petersdom eine Heilige Messe feiern durfte. Überall, wo man mich im schwarz-weißen Zisterziensergewand als Mönch von Heiligenkreuz erkannte, hieß es sofort: »Ah, Heiligenkreuz, das Kloster, das der Heilige Vater besucht hat!« Übrigens hat Papst Benedikt XVI. eine Schwäche für das Mönchtum, wie ja schon aus der Wahl seines Namens deutlich wird. Ich halte den Papst für einen der größten Intellektuellen unserer Zeit. Er ist einer, der weiß, dass es keine Zukunft der Kirche geben wird, wenn sie nicht Kraft aus ihren spirituellen Wurzeln schöpft. Und eine davon ist das Gebet in der Form des Gesanges des Gregorianischen Chorals. So wünschte sich der Papst, dass wir bei seinem Besuch ein Stück Choral singen. Noch nie hatte ein Papst unser Kloster besucht, und wohl noch nie zuvor hatte ein Papst ein Kloster einfach so besucht. Wenn Päpste bisher in Stifte und Klöster kamen, so nur, weil sie als Austragungsorte für Treffen mit bestimmten kirchlichen Kreisen oder Gruppen dienten. Natürlich ging es Benedikt XVI. bei seinem Besuch nicht nur um Heiligenkreuz; wieder gilt das Prinzip »pars pro toto«, ein Teil steht für das Ganze. Aus seiner Ansprache ist klar zu entnehmen, dass er auf die Bedeutung des Mönchtums insgesamt hinweisen wollte. Dieser 9. September 2007 hat sich unauslöschlich in unser aller Gedächtnis eingeprägt. Da ich als Rektor der Hochschule die Ehre hatte, mit dem Herrn Abt hinter dem Papst gehen und sitzen zu dürfen, läuft mir jetzt noch eine Gänsehaut über den Rücken, wenn ich an verschiedene Szenen denke. Ich sah den Papst auf seinem Thron im Altarraum von hinten und hatte den Eindruck, dass er in sich versank. Die Fernsehaufnahmen zeigen es auch deutlich: Der Papst meditierte, während die Mitbrüder sangen. Und er begann zu strahlen. Ja, da war etwas von Friede und Glückseligkeit, von Geborgenheit und Wärme, das plötzlich um ihn und in uns allen war. Das war die Kraft des Gregorianischen Chorals, des »gesungenen Gebetes«, wie es Abt Gregor immer genannt hat. Der Papstbesuch war eines der intensivsten seelischen Ereignisse, die ich je hatte. Als der Heilige Vater dann, umjubelt von Zehntausenden, mit seinem Konvoi in großer Verspätung, weil er länger als geplant geblieben war, aus dem inneren Stiftshof fuhr, war ich so glücklich wie selten zuvor in meinem Leben. Und ich dachte mir: »Nun lässt du, Herr, deinen Knecht in Frieden scheiden …« (Lukas 2,29). Denn etwas Größeres als

Die Choralschola singt immer in Richtung Altar, in Richtung Gott.

das Heutige kannst du nicht mehr erleben. Und in all den damaligen Emotionen stand mir auch der Gedanke vor Augen: »Pater Karl, jetzt hast du genug erlebt. Von nun an rüste dich wieder für ein ruhiges verborgenes Leben als Mönch.« Ich sollte mich irren.

Wenige Monate später ging es dann weiter: Das österreichische Fernsehen und 3Sat drehten eine einstündige Dokumentation, und der amerikanische Dokumentationskanal HBO verbreitete die Geschichte weltweit in einer brillanten dreißigminütigen Doku. Es ist die Geschichte eines kleinen Wunders. Denn im Frühjahr 2008 bekamen wir einen Plattenvertrag von einer mir völlig unbekannten Firma namens »Universal Music«. Und fest steht: Wenn Mönche einen Vertrag mit einem säkularen Musikkonzern machen, der in der Popwelt Größen wie Eminem, Madonna und Amy Winehouse unter Vertrag hat, dann ist das exotisch und folglich auch sensationell. Der Medienhype war gigantisch. Ein YouTube-Video, das unser junger Pater Martin über unser klösterliches Leben online gestellt hatte, unterlegt mit unserem Gregorianischen Choral, zählte binnen kurzer Zeit über eine Million Zugriffe. Wir haben das alles nicht gesucht, es wurde verfügt. Ein Medienexperte sagte mir: Um eine solche positive Aufmerksamkeit zu erzielen, wie das bei Heiligenkreuz der Fall ist, müsste man einer Werbefirma viele Millionen zahlen. Nun: Wir haben keinerlei Marketing-Etat, und wir sind als Mönche normalerweise auch sehr zufrieden, wenn wir in Ruhe gelassen werden. Niemand von uns ist ins Kloster gegangen, um gefilmt oder interviewt zu werden. Wir sind hier an diesem geistlichen Ort, weil wir Gott in Gebet und Arbeit unsere Liebe zeigen wollen.

Wie es uns trotzdem erwischte – das ist eine wunderbare Geschichte. Sie zeigt, dass Gott großartig ist und dass er Humor hat. Die Universal Music Group hatte schon seit Wochen über Inserate in allen religiösen Medien in England und Amerika »*the most beautiful sacred voices*« gesucht und daraufhin hunderte von Bewerbungen von geistlichen Chören, von Klöstern und Ordensgemeinschaften aus der ganzen Welt erhalten. Wir hatten davon natürlich keine Ahnung, bis uns am 28. Februar 2008 ein Freund unseres Hauses, der sich immer wieder einmal bei uns im Kloster von seiner reizenden Frau und seinen drei lieben Kindern erholt, durch eine E-Mail darauf aufmerksam machte. Ohne zu wissen, was sich hinter »Universal Music« verbergen mochte, schickte ich am nächsten Tag eine kurze E-Mail. Es war der 29. Februar 2008 – der letzte Tag vor Ablauf der Bewerbungsfrist. Dabei machte ich mir, ehrlich gesagt, keine große Mühe, weil ich mir ohnehin keine Chancen ausrechnete. Ich verwies einfach auf die Hörbeispiele von Gregorianischem Choral auf unserer Homepage und auf den besagten Videoclip, den unser Pater Martin bei dem Internetportal YouTube geladen hatte. Freilich versäumte ich es nicht, zum Schluss noch die kleine Bemerkung anzubringen: »*We are singing beautifully, even the Holy Father is a big fan of us!* Wir singen ganz schön, sogar der Heilige Vater ist ein großer Fan von uns!« Was ja zweifellos stimmte.

Und dann geschah das Unerwartete. Noch am Nachmittag desselben Tages kam ein begeisterter Anruf von einem gewissen Tom Lewis: »*You are the one!* Sie sind es! Sie haben den Zuschlag! Congratulations!« Tom, so stellte sich heraus, war der Erfinder des Projektes von den »*most beautiful sac-*

red voices«. Von Anfang an war er begeistert und schwärmte von der Qualität des Chorals der Mönche von Heiligenkreuz. Er würde sogar »the most famous« Anna Barry mitbringen, eine der besten Produktionsleiterinnen für klassische Musik, die es überhaupt gibt. Anfang April fanden die Aufnahmen für die CD »Chant – Music for Paradise« in unserer Kreuzkirche statt. Unser Kantor, Pater Simeon Wester, und 17 junge Mitbrüder, die er aus uns 74 Mitbrüdern für die Aufnahmen ausgewählt hatte, wollten nicht in ein Studio gehen, sondern in einer Kirche singen – mit Blickrichtung auf das Allerheiligste, den Altar, das Kreuz. Den Gregorianischen Choral singt man immer für Gott. Ihn eben mal für eine Hi-Fi-Aufnahme aus diesem Kontext herauszulösen, ist Kitsch. Hier nun wurde in der Gegenwart Gottes gesungen. Damit begann eine einzigartige, weltweite Erfolgsgeschichte – freilich auch das kritische Fragen innerhalb der Klostergemeinde: Haben wir das nötig, uns als »Pop-Mönche« feiern zu lassen? Dürfen wir das denn, mit den heiligen Gesängen auf den Markt gehen? Für uns ist der Gregorianische Choral ja nicht eine Musik wie jede andere, sondern letztlich gesungenes Gebet. Es ging uns auch nicht um das Honorar. Wir erhielten ohnehin nur die üblichen Tantiemen, das sind ca. 42 Cent pro CD. Wobei es natürlich erstaunlich genug ist, wenn man mit dem täglichen Gebet eine halbe Million Euro verdienen kann. Denn so viel ist bei ca. 1,1 Millionen verkauften CDs hereingekommen. Und es ist schon alles ausgegeben, denn wir haben es für unsere Priesterstudenten aus Asien und Afrika, aus Syrien und anderen Ländern verwendet.

Eine wichtige Frage für uns war, ob das überhaupt zu uns passt. Ob wir es als Mönche verantworten können, so sehr in

In den zwei Wochen vor Ostern ist das Altarkreuz verhüllt.

der Öffentlichkeit zu stehen. Wir haben sehr ernsthaft überlegt, und Abt Gregor, der sonst Kameras und Journalisten nicht scheut, war durchaus zögerlich. Es war dann niemand Geringerer als der Papst selbst, der uns geholfen hat, unser Ja zur CD zu sagen. Ohne das Wort von Benedikt XVI. hätten wir uns wahrscheinlich nicht ins Rampenlicht der Medien getraut. Bei seinem Besuch in Heiligenkreuz am 9. September 2007, also fünf Monate vor unserer »Entdeckung« durch Universal Music, sagte er nämlich wörtlich: »Ein Kloster, in dem sich die Gemeinschaft mehrmals zum Gotteslob versammelt, bezeugt, dass die urmenschliche Sehnsucht nach letzter Erfüllung höchsten Glücks nicht ins Leere geht.« Das entscheidende Wörtchen in diesem Text lautet: »bezeugt«. Abt Gregor empfand das wie den päpstlichen Auftrag: »Tut es!« Und schließlich mussten wir uns ja auch selbst eingestehen: Seit Jahrhunderten waren wir Mönche bereit, Seelsorge in den Pfarren und in den unterschiedlichsten Einrichtungen außerhalb des Klosters auszuüben. Das »Apostolat« gehört wesentlich zu unserer österreichischen Form des Zisterzienserseins. Wir sind kein abgeschottetes Grüppchen, dem der Rest der Welt egal ist, sondern wir sind für die Menschen da. Unser Gesang gilt zwar Gott, aber was ist dagegen einzuwenden, dass man ihn nun in aller Welt hören soll, als Zeugnis unseres Glaubens? Und genau das wollten wir: Den Menschen »bezeugen«, dass wir an Gott glauben, dass wir Gott lieben und dass wir deshalb Gregorianischen Choral singen, weil nur die schönste Musik für Gott gut genug ist. Ich denke, dass die unerwartete Wirkung die Richtigkeit dieser Entscheidung bestätigt hat: Menschen, die »Chant« gehört haben, schrieben uns in Briefen und E-Mails, wie sehr sie durch den Gregorianischen Choral »ergriffen«, »erschüttert«, »berührt« oder »tief bewegt« worden waren. Solche Zuschriften wurden oft mit dem Zusatzvermerk versehen: »... obwohl ich sonst nichts glaube« oder: »... obwohl ich eigentlich Atheist bin.«

Unsere Bekanntheit hat einen Nebeneffekt, der substantiell ist: Schon bevor der Gregorianische Choral aus dem Stift Heiligenkreuz berühmt wurde, kamen jährlich bis zu 170.000 Touristen, um die romanisch-gotische Klosteranlage im Rahmen einer »Wienerwaldtour« zu besichtigen, um dann in das tragödienumwitterte Mayerling und die unterirdische Seegrotte Hinterbrühl weiterzufahren. Aber erst mit dem musikalischen Erfolg kam der Wunsch, im Anschluss an eine Besichtigung auch an einem Chorgebet der Mönche teilzunehmen. Dafür eignen sich natürlich besonders gut das Mittagsgebet um 12 Uhr und die Vesper um 18 Uhr. Unser Gästepater und die jungen Mitbrüder, die ihm helfen, haben alle Hände voll zu tun, die vielen Menschen rechtzeitig in der Kirche zu platzieren, zu Mittag sind es ja oft zwei- bis dreihundert. Früher waren es gerade einmal ein Dutzend Klostergäste, die uns beim Chorgebet belauschten. Es ist uns sehr recht, dass die Menschen das Kloster nicht nur als kulturgeschichtliche Attraktion kennenlernen, sondern als einen Ort des Gebetes und des Gotteslobes. Man muss unsere Abteikirche erlebt haben, wie sie sich durch das Chorgebet in einen riesigen Klangkörper verwandelt, wenn der Gregorianische Choral wie eine Wolke durch den Raum schwebt. Der Choral macht gleichsam auch die weiten Dimensionen des Raumes »hörbar«, er entgrenzt die nüchternen Mauern und macht sie transparent auf die dahinterliegende Welt Gottes.

Da wir uns über jeden freuen, der beim Chorgebet einfach dabei ist, überreichen wir unseren Gästen am Kirchenausgang ein kleines Bildchen. Es zeigt uns beim Chorgebet, auf der Rückseite steht der Satz von Papst Benedikt XVI. aus seiner Heiligenkreuzer Ansprache, dass bei unserem irdischen Gebet immer schon ein Stück des Himmels gegenwärtig werde. Es ist ein Dankeschön an die Menschen, die sich für uns interessieren, und die hoffentlich, während wir unseren Lobpreis gesungen haben, im Herzen auch ein wenig tiefer ihre persönliche Verbindung mit Gott erfahren durften.

Ausstrahlung

Klöster sind Orte mit einer doppelten positiven »Strahlung«. Die erste Strahlung ist die »übernatürliche«, die Strahlung aus der Gnade Gottes heraus. Als Theologe bin ich ein wenig besorgt, wie schnell der christliche Glaube verblasst. Vor allem: wie sehr die Menschen verlernt haben, durch Gebet und Kontemplation in Verbindung mit Gott zu treten. Wir sind aber nun einmal Wesen, die mit einer Seele ausgerüstet sind, die ewigkeitsweit ist. Eine platte materialistische Lebenshaltung kann deshalb zwar Menschen schaffen, die glücklich und zufrieden sind, – aber immer nur kurzfristig und flüchtig. Wenn die große Perspektive fehlt, dann lauern in den dunklen Abgründen des Herzens Frust und Leere. Mit dem »kleinen« Glück, dem »kleinen« Spaß, der »kleinen« Lust kann man dieses Seelenvakuum immer nur kurzfristig zustopfen, danach öffnet sich oft ein noch tieferer Abgrund des Nichts. Die Menschen heute spüren das instinktiv. Die

Der innere Stiftshof mit Josefsbrunnen und Platanen

Kirche hat sich nach meiner Einschätzung leider zu sehr von ihrer Kernkompetenz verabschiedet, die Menschen mit Gott zu verbinden. Das war über Jahrhunderte ihre Stärke, ihr Proprium: durch Gebet, durch Sakramente, durch Glaubensverkündigung den Menschen eine innere Beziehung zu dem unendlichen Gott zu ermöglichen. Also zu dem Gott, der die »Quelle des Lebens« und die »Fülle der Kraft« ist. Diese Konzentration auf das Göttliche müssen wir uns unbedingt zurückerobern, um auf dem »Markt der Spiritualitäten und Religionen«, der sich rund um uns herum entwickelt hat, wieder Boden zu gewinnen.

Viele Menschen, gerade auch getaufte Christen, sind heute sprachlos gegenüber Gott. Ich habe das Gefühl, dass viele Menschen zwar gerne bei Gott tanken wollen, aber dass sie nicht den richtigen Einstieg finden. Gott ist für mich Kraft, aber man muss sich mit ihm verbinden. Man muss wissen, wie man ihn »anzapft«.

Dass es viele Menschen gibt, die zwar gerne die übernatürliche Kraft Gottes erfahren würden, aber nicht wissen wie, sehe ich schon fast wöchentlich vor meinem eigenen Kloster. Die Welle der Esoterik, die nach wie vor stark ist, hat die Menschen auf neue Ideen gebracht, die ich für merkwürdig halte. Gott ist für uns Christen »transzendent«, also weltjenseitig, ist uns jedoch durch Jesus Christus nahe gekommen. Jede katholische Kirche ist ein Ort der Gegenwart Gottes, darum nehmen die Männer dort auch den Hut ab. Wir glauben, dass im sogenannten Tabernakel, das heißt wörtlich »Zelt«, Christus gegenwärtig ist in der Eucharistie. Der Leib Christi ist bleibend der gegenwärtige Christus, darum machen sich Katholiken beim Betreten ihrer Kirchen ja klein, indem sie die Knie beugen. So klein freilich, wie unser Gott sich klein gemacht hat – nämlich bis in die Gestalt des Brotes hinein –, können wir es gar nicht! Gott macht sich aus Liebe zu uns immer kleiner als wir. Jedenfalls ist für uns die Kirche der Ort, wo wir Kraft schöpfen, indem wir vor dem gegenwärtigen Herrn beten und anbeten. Dazu kommen die Sakramente, also die Feier der Heiligen Messe, in der wir uns das göttliche Leben durch die heilige Kommunion sogar einverleiben dürfen … Ein Kloster kann also nach unserem Verständnis deshalb mit Recht als ein »Ort der Kraft« bezeichnet werden, weil hier Gott angebetet wird.

So gibt es in der Esoterik keinen personalen Du-Gott, keinen nahegekommen Gott, sondern nur das »Abstrakt-Göttliche«, einen unpersönlichen »Es-Gott«. In der letzten Zeit, so kommt es mir vor, hat die Esoterik einen grünen Anstrich bekommen, das heißt: Es ist eine neue Naturmystik und Naturreligiosität entstanden. Wie sollte man es sonst erklären, dass in unserem Stiftshof regelmäßig Menschen zu sehen sind, die die uralten Platanen umklammern. Zunächst habe ich geschmunzelt. Die fünf Platanen vor der Kirche, die einen barocken Brunnen umgeben, der im Sommer lustig plätschert, sind riesig. Vom Alter her sind sie zwar erst in der »Pubertät«, denn sie wurden 1848 gepflanzt und werden bis zu 800 Jahre alt. Trotzdem haben ihre knorrigen Stämme einen mächtigen Umfang. Und da stehen dann manchmal Leute und umklammern mit weggetretenem Gesichtsausdruck bis zu einer halben Stunde lang den Baum… Seit ich den Film »Avatar« gesehen habe, schmunzle ich nicht mehr, denn hinter der scheinbaren Naivität des Baumumklammerns steckt offensichtlich eine neue Religiosität. »Avatar«

spielt in einer heilen Welt, in der die Natur selbst »göttlich« ist. Dort schließen sich die menschenähnlichen Naturwesen des Planeten Pandora mittels Synapsen nicht nur untereinander, sondern auch mit den Tieren, den Pflanzen, ja mit dem Planeten selbst zusammen. Der Mensch wird als dämonischer Naturzerstörer und Ausbeuter ohne Sinn für die mystische Dimension des naturbelassenen Lebens auf Pandora geschildert. Der Blockbuster von James Cameron schwelgt in bombastischen Bildern, die darin gipfeln, dass sich alle Wesen zur rhythmischen Anbetung um einen Urbaum versammeln, wo sie die Göttin Natur beschwören. Diese Göttin trägt den Namen Eywa, was sehr an die Namen heidnischer Muttergottheiten erinnert ...

Unsere Klöster sind christliche Klöster. Seit Jahrhunderten haben unsere Vorfahren hier nachhaltig die Natur gepflegt; ohne uns gäbe es die herrliche Landschaft des Wienerwaldes nicht. Doch Bäume sind für uns keine Götter. Wir glauben fest daran, dass die Natur von Gott geschaffen ist, aber wir sind nicht so naiv, dass wir die Schöpfung mit dem Schöpfer verwechseln. Das wäre ein Rückfall in ein naives Heidentum. Zur Ausstrahlung eines Klosters wie Heiligenkreuz gehört sicher auch die Naturlandschaft, die es umgibt. Die eigentliche Lebenskraft, die man in einem Kloster schöpfen kann, ist jedoch keine biologische Baumstrahlung, sondern eine übernatürliche Gnadenstrahlung. Ein alter Priester, den ich als junger Mönch in den letzten Lebensjahren pflegen durfte, sagte das schöne Wort: »Hier sind sogar die Steine durchbetet.« Durch Jahrhunderte hindurch haben hier Menschen gelebt, gelitten, innerlich gekämpft, die Hingabe an Gott und die Menschen versucht.

Ich bin sicher, dass dadurch so etwas wie Gnade in den Ort hineingebetet und hineingelitten ist. Jedes Kloster ist ein heiliger Ort, und darum strahlt es Gnade aus.

Es gibt eine zweite Strahlung. Das ist die Ausstrahlung, um die wir Mönche uns selbst bemühen. Wie gesagt: Verstecken wollten wir uns nie, das wäre auch unchristlich und unkirchlich, weil wir kein Geheimbund sind, sondern eine Gemeinschaft innerhalb der Kirche, die für die Menschen betet und arbeitet. Es ist berührend, wie schon in früheren Zeiten unsere Vorfahren alles Mögliche getan haben, um mit den Mitteln der jeweiligen Zeit die Schönheit des klösterlichen Lebens nach außen zu zeigen: Da wurden Broschüren verfasst, Büchlein gedruckt, schließlich entstanden ab den 1960er-Jahren die ersten Filme. In den 1980er-Jahren wurde ein aufwändiger Dokumentationsfilm gedreht, um den Touristen Einblick in unser Leben zu geben. Und dann kam, Gott sei Dank, das Internet. Wie froh bin ich, dass ich im 21. Jahrhundert lebe mit den sensationellen Erfindungen, die in den letzten Jahren gelungen sind. Wie mühsam und teuer war es früher, Fotos zu machen. Mit Digitalkamera ein Kinderspiel. Wie unerreichbar war man, wenn man nicht in der Nähe eines Telefons war. Mit den Mobiltelefonen ist die Kommunikation jederzeit möglich. Dass es manche schwerwiegende Nachteile gibt, ist mir natürlich voll bewusst, aber die Vorteile überwiegen, und dafür dürfen wir dankbar sein. Auch wir Mönche.

Vor allem die Erfindung von »Homepages«, auf denen man sich via Internet vom Schreibtisch aus mittels Wort, Bild und sogar Videoclips der ganzen Welt vorstellen kann, ermöglicht eine ungeahnte Ausstrahlung. Ich bin sicher, dass jeder, der sich als Gast eine Zeitlang ins Kloster zurückzieht, zuerst einmal die Homepage aufsucht, so wie man sich ja auch das Hotel zunächst im Internet ansieht, in welchem man seine Ferien verbringt. Die Homepage ist ein wichtiger Bestandteil unserer Identität. Als sie 1999 eingerichtet wurde, war sie noch ein Luxus; es war uns ein Anliegen, eine Art »Visitenkarte« vom Stift Heiligenkreuz im Internet zu haben, das damals gerade erst seinen Eroberungszug antrat. Eine Homepage war schon deshalb wichtig, weil wir ja auch ein Top-Ausflugsziel sind, das von mehreren zehntausend Touristen jährlich besucht wird, und im Tourismus ging schon damals ohne Internet nichts. Wichtig war uns aber von Anfang an, dass wir uns als klösterliche Gemeinschaft präsentieren. Die Selbstpräsentation darf ruhig bunt und laut sein, wenn sie nur zur Substanz führt. Ich stoße noch heute vereinzelt auf Websites von Klöstern, auf denen man zwar Informationen über Besichtigungen, Führungen, Ausstellungen, Weinproduktion oder sonstiges Nebensächliches findet; der Mausklick auf »Klosterleben« führt jedoch, o Schreck, zu einem dünnen und wenig informativen Seitlein. Da stimmen die Proportionen der öffentlichen Selbstdarstellung nicht.

Unsere Homepage sollte von Anfang an das vermitteln, was wir als die Substanz betrachten; das »Drumherum« muss natürlich auch veröffentlicht sein, aber eben entsprechend seiner Wertigkeit. Mehr als eine Visitenkarte war unsere Homepage damals jedenfalls nicht, denn niemand von uns hatte das technische Können, um die Homepage zu pflegen. Aber schon damals zeigte sich, dass die Anwesenheit im virtuellen Raum bedeutungsvoll für die Zukunft ist. Schon fanden über unsere Präsenz im Internet zwei Männer zu uns, die dann eingetreten sind: der eine ein Priester aus Südafrika, der sich schon immer nach dem klösterlichen Leben sehnte, unser heutiger Pater Sebastian; der andere ist Pater Simeon, ein diplomierter Chorleiter aus dem Rheinland, der über eine Suchmaschine nach dem Stichwort »Gregorianischer Choral« gesucht hatte. Was er da las, gefiel ihm, denn er war schon immer ein Fan des Chorals! So verdanken wir auf Umwegen der damals so unzureichenden Homepage eigentlich mittelbar auch unsere Choral-CD, denn Pater Simeon trat 2001 bei uns ein, übernahm 2005 das Amt des Kantors und war für das Gelingen der Aufnahmen »Chant – Music for Paradise« verantwortlich. Seit 2010 ist Pater Simeon sogar unser Prior.

Seit 2006 führe ich die Homepage wie eine kleine Internetzeitung mit Aktuellem aus dem Kloster und der Hochschule. Über zwei Millionen Zugriffe hatte die Homepage mittlerweile, das ist nicht schlecht für ein Kloster, das ja doch nicht der Nabel der Welt ist. Ich rüstete mich damals mit einer kleinen Lumix-Kamera aus, weil mir schon durch meine Bekanntschaft mit Journalisten klar geworden war, dass besonders Fotos aus der Weitwinkelperspektive interessant sind. Zudem sind im Kloster alle Räume weit, groß und erhaben, und das fängt man am besten mit breitem Winkel ein. Es ist so einfach, spannende Bilder zu schießen, wenn das, was man fotografiert so aufregend schön ist! Dass das Internet kein Lese-Medium ist, sondern ein Schau-Medium, in dem das Bild und mittlerweile der Video-Clip wichtiger ist als der Text, war mir schon damals klar. Die durchschnittliche Zeit, in der ein Besucher auf einer Seite unserer Homepage verweilt, beträgt 36 Sekunden. Die Homepage ist mittlerweile völlig unverzichtbar. Das schönste Kompliment stammt von Abt Gregor, der mir versicherte, dass er täglich mehrmals auf der Homepage nachschaue, um zu erfahren, was in seinem Kloster los sei … Freilich gilt auch hier wieder: Tempora mutantur. Die Zeiten ändern sich, und die Homepage hat inzwischen durch die »sozialen Netzwerke« kräftige Konkurrenz bekommen. Mein Mitbruder Pater Johannes Paul betreut seit 2010 eine »Fan-Seite Stift Heiligenkreuz« auf Facebook mit fast 4000 Fans, er postet dort die Neuigkeiten aus dem Kloster, sodass auch die Facebook-Community die Chance hat, an unserem Leben teilzunehmen. Und Pater Martin hat auf YouTube einen eigenen Video-Kanal eingerichtet, den er »The Monastic Channel«, also den »Kloster-Kanal« nennt. Mit einer kleinen Handy-Kamera postet er Interviews, Mitschnitte aus unserer Liturgie oder sogar größere Katechesen.

Die Möglichkeit für unsere Klöster, sich im Internet präsentieren zu können, ist ein Segen. Man kann sich so zeigen, wie man ist. Man kann wirklich »Anteil geben am eigenen Leben«, wie Paulus schreibt, um so den Menschen zu zeigen, dass man nicht nur nichts zu verstecken hat, sondern dass man offen ist für sie. Dass man es respektiert, wenn sie sich für ein so außergewöhnliches Leben interessieren. Faktisch jeder Klostergast surft vor einem Besuch intensiv durch die Seiten; auch viele von den jungen Mitbrüdern erzählen, dass sie, als sie ihre Berufung nach Heiligenkreuz zu spüren begannen, immer wieder auf der Homepage gewesen sind, und sie dabei von einer Art Heimweh ergriffen wurden, das sie in ihrer Entscheidung gestärkt hat. Wildfremde Menschen aus allen Teilen der Welt bitten um das Gebet, weil sie durch das Internet auf uns aufmerksam geworden sind; Medienleute aus Hamburg erzählen mir, dass sie täglich nachschauen, was es in Heiligenkreuz Neues gibt. Und dem virtuellen Besuch folgt dann oft der reale.

Als Gast im Kloster

Wenn jemand heute die Phrase verwendet »Ich gehe ins Kloster«, dann muss das keineswegs bedeuten, dass er einer göttlichen Berufung folgt und in das Kloster als Mönch oder Nonne eintritt. Es kann einfach heißen: Ich ziehe mich auf ein paar Tage ins Kloster zurück. Frei nach dem Motto des »Wallfahrtsbuches« von Hape Kerkeling *Ich bin dann mal weg!* Es gibt heute einen Boom an Klosterführern, denn unser altes Europa ist überzogen mit intakten Männer- und Frauenklöstern, die bereit sind, Menschen auf Zeit aufzunehmen. Die Art und Weise, wie und unter welchen Bedingungen man als Gast in einem Kloster Aufnahme findet, ist von Gemeinschaft zu Gemeinschaft verschieden. In der Regel tun sich »alte Klöster« schon deshalb leichter mit der Gästeaufnahme, weil sie ja zumeist über weitläufige Gebäudekomplexe mit einer stattlichen Zahl von Zimmern verfügen. Gerade bei uns im Stift Heiligenkreuz ist in den letzten Jahren die Aufnahme und Betreuung der Gäste sehr wichtig. Während in den 80er-Jahren der Gästetrakt oft zeitweise leer war oder nur von Verwandten der Mitbrüder genutzt wurde, hat sich seit den 90er-Jahren der Gästebetrieb intensiviert. Wir versuchen, die Gäste nach den geistlichen Anweisungen, die uns die Benediktsregel gibt, aufzunehmen. Denn nach Benedikt kommt der Aufnahme und Betreuung der Gäste eine besondere Bedeutung zu. Ich bin überzeugt, dass das 53. Kapitel der Benediktsregel über die Aufnahme der Gäste mit seinen ebenso theologischen wie detailliert praktischen Anweisungen *der* Schlüssel für jede Form von Seelsorge ist. Es ist nicht nur interessant, dass Benedikt das Kloster nie als eine von der Welt abgeschottete Bastion versteht, in die absolut niemand hinein darf. Nein! Ein benediktinisch-zisterziensisches Kloster ist zum einen sehr wohl ein geschlossener Bereich, eben ein Kloster. Zum anderen ist gerade dieses Kloster offen für die verschiedensten Formen von Gästen.

In fast jedem Kloster werden Gäste aufgenommen. Die Gastfreundschaft ist ja konkretisierte Nächstenliebe. Bei uns gibt es einen eigenen Gästetrakt mit eigenen Zimmern, Gruppenräumen und einem eigenen Speisesaal. Der heilige Benedikt lässt in seiner Regel die Nebenbemerkung fallen, dass Gäste dem Kloster nie fehlen werden (Regula Benedicti 53,16). Das stimmt. Oft muss unser Gästepater Nikodemus berichten, dass der Gästetrakt ausgebucht ist; anstelle der 20 Gästezimmer und der 60 Stockbetten in den 3 Jugendherbergsräumen würden wir heute wohl die dreifache Menge an Übernachtungsmöglichkeiten benötigen, um der Nachfrage gerecht zu werden. Man muss sich schon wirklich rechtzeitig anmelden, um ein stilles Zimmer zu ergattern. Und das ist nicht nur bei uns so. Für manche Klöster, auch für Frauenklöster, ist die Gästebetreuung sogar zu einer Erwerbsquelle geworden.

Gäste und benediktinisches Mönchtum gehören also zusammen. Benedikt hat vor 1.500 Jahren weise Anordnungen gegeben, die sich auf das spirituelle Motiv beziehen. Er sagt, dass Gäste »wie Christus« aufgenommen werden sollen. Für die Betreuung der Gäste muss laut Benediktsregel ein eigener Bruder zuständig sein. Das freundliche Gesicht, das einem an der Klosterpforte entgegenlacht, ist die beste Visitenkarte eines Klosters. Ich habe schon dutzende Management-Seminare anhand der Benediktsregel gehalten. Da verweise ich dann gerne auf das, was Benedikt im 53. Kapitel über die Aufnahme der Gäste sagt: Das ist die beste Anleitung für Hoteliers, um Erfolg zu haben, denn Benedikt geht es bei der Gästeaufnahme um die innere, seelische Motivation. Die Mönche sollen nicht um des Profits willen freundlich und servicebereit sein, sondern sie sollen den Gästen Liebenswürdigkeit entgegenbringen um der Liebe Christi willen. Unsere Gäste ertragen gerne die Substandard-Zimmer, die schlichte Toilette und die einfache Dusche, die nur über einen kalten Gang zu erreichen sind, die Einfachheit der Speisen, den Speisesaal, der an eine Gefängniskantine erinnert, wenn, ja wenn sie nur von Herzen aufgenommen und angenommen werden. Alles andere kann man sich anderswo kaufen, die aufrichtige und nicht am Profit orientierte Empathie aber nicht. Und genau das spüren die Gäste.

Besonderen Wert legt der heilige Benedikt auf die Auswahl des Mitbruders, der das Amt des Gästepaters ausübt. Bei uns in Heiligenkreuz wird dieser übrigens »Gastmeister« genannt, um auszudrücken, dass es sich um eine wahrhaft »meisterliche« Aufgabe handelt. Der Gästepater bzw. Gastmeister muss nach Benedikt eine reife geistliche Persönlichkeit sein. Er bildet in seiner Person eine Art Brücke von drinnen nach draußen und zugleich von draußen nach drinnen.

Er vermittelt den Klostergästen schon durch sein Auftreten etwas von der Spiritualität der Gemeinschaft. Gästepater zu sein bedeutet auch, die wichtigste pastorale Aufgabe im Kloster auszuüben, daher haben wir in Heiligenkreuz in den letzten Jahren entschieden, dieses Amt nach Möglichkeit mit einem Priester zu besetzen. Denn der Gästepater hat oft mehr seelsorgliche Möglichkeiten als etwa ein Pfarrer. Ich war acht Jahre lang Pfarrer in einer unserer Klosterpfarren, mit Begeisterung. Heute schreien zwar alle Gemeinden, dass sie einen Pfarrer wollen, aber gebraucht wird er nur zum kulturellen Erhalt der Familienfeiern Taufe, Erstkommunion, Firmung, Hochzeit und Begräbnis. Ansonsten weicht man dem Priester eher aus, und wenn der Pfarrer ein »guter Hirte« ist, dann wird er sich bemühen, den verlorenen Schafen nachzulaufen. Beim Gästepater eines Kloster ist es ganz anders: Er ist der gute Hirte, dem die suchenden und verirrten Schafe *von sich her* zulaufen, um Rat und Hilfe zu finden. Daher hat der Gastmeister einen Fulltime-Job, der ihn nicht nur organisatorisch fordert, sondern auch priesterlich. Von seinem Charakter her sollte der Gästepater eine Mischung zwischen Einsiedler und Manager sein. Er braucht vor allem Geduld beim Zuhören und die Bereitschaft zum Mitgefühl, denn die Menschen, die ins Kloster kommen, besitzen oft alles im Leben, was man sich, irdisch gesehen, wünschen kann – außer Menschen, die sie lieben und die Zeit haben für sie. Der Gästepater ist auf jeden Fall eine Art offizieller »Außenminister« des Klosters. Er ist der Empfangschef und das Gesicht der Gemeinschaft. In seiner Bedeutung für die Repräsentation und die geistliche Ausstrahlung eines Klosters »ad extra«, nach außen, kommt er sicher gleich nach dem Abt.

Pater Karl vor dem Kapitelsaal

Benedikt versteht ein Kloster als »anziehendes Zentrum«. Die stabile Gemeinschaft der betenden und arbeitenden Mönche ist nicht eine Zentrifuge. Die Mönche sollen daher nicht draußen herumlaufen, sondern sie sollen im Kloster leben und ihre Arbeiten innerhalb bzw. im Radius des Klosters verrichten. Die Wirklichkeit zeigt, dass ein solches Zentrum dann erstaunliche zentripetale Kräfte entfaltet: Es zieht Menschen an. Benedikt prophezeit nicht nur: »Gäste werden dem Kloster nie fehlen!« (Regula Benedicti 53,16), sondern er will auch, dass Gäste kommen. Diese sollen »wie Christus aufgenommen werden«. Freilich setzt Benedikt auf klare Grenzen zwischen dem »Drinnen« und dem »Draußen«. So hat sich etwa im Laufe der Jahrhunderte der Brauch der »Klausur« entwickelt, den alle Orden auf unterschiedliche Weise übernommen haben; »Klausur« kommt vom lateinischen »*claudere, clausus*«, das heißt »schließen«. Klausur bezeichnet jenen Bereich eines Klosterkomplexes, der wirklich nur den Mönchen oder Nonnen reserviert und von der Außenwelt abgeschlossen ist. Es handelt sich um den eigentlichen Lebens- und Wohnbereich der Mönche. Die Klausur hat eine wichtige psychologische Funktion, indem sie einfach so etwas wie »Privatsphäre« schützt; wobei sich diese natürlich stark von der Privatsphäre etwa einer Familie unterscheidet, denn jeder von uns lebt ja immer auf Gemeinschaft hin. Wenn ich etwa von meinem kleinen Zimmer den Weg auf die Toiletten antrete, können mir auf dem Weg dorthin mehrere Mitbrüder, die im selben Gang leben, begegnen, aber auch mehrere Kloster-auf-Zeit-Gäste. Es ist ein schlechter Vergleich, aber man stelle sich vor, dass man sich nicht nur zur Arbeitszeit in seinem Büro, an seinem Arbeitsplatz aufhält, sondern jederzeit und immer. So ist das mit uns Mönchen: Wir leben jederzeit und immer mit Menschen zusammen, das sind die Mitbrüder, die einem zwar verbunden sind, die aber doch nie die Nähe zueinander haben, wie dies in einer echten Familie der Fall ist. Umso wichtiger für unsere Seelenhygiene ist die Klausur. Die Bedeutung der Klausur ist mir vor Jahren bewusst geworden, als ein Mitbruder auf einmal seine Menschenliebe so auszuleben begann, dass er ab und zu Touristen-Gruppen durch die Klausur führte. Was für ein Gefühl, wenn man die Tür seines Zimmers öffnet und plötzlich steht man im Blitzlichtgewitter eines Schwarms von japanischen Touristen …

Ich denke, dass ich das Recht auf Klausur nicht länger erklären muss; ebenso teuer ist uns aber die Pflicht zur Öffnung auf Gäste hin. Nicht nur, weil dies die Benediktsregel so vorschreibt, sondern weil die Gastfreundschaft ein uraltes biblisches Gebot ist und mit Segen und Fruchtbarkeit verbunden ist. Meine konkrete Erfahrung ist die, dass dort, wo Gäste freundlich und großzügig aufgenommen und betreut werden, sich bald der Segen Gottes einstellt. Seit ich einmal mit einigen Mitbrüdern von Kloster zu Kloster durch Frankreich gefahren bin, wage ich zu behaupten, dass die offenherzige Gastfreundschaft auch immer Auswirkungen auf die Situation der geistlichen Berufe hat: Wo immer uns auf dieser Klostertour an einer Klosterpforte ein freundliches Mönchs- oder Nonnengesicht entgegengestrahlt oder gar entgegengelacht hat, da war das Kloster dahinter voll. Und wo wir auf Griesgrämigkeit gestoßen sind, was es leider auch gegeben hat, da war auch nicht viel Leben in der Gemeinschaft.

Es gibt im Alten Testament in Genesis 18 eine Schlüsselstelle über Gastfreundschaft. Dort empfängt Abraham, der schon alt und betagt ist, drei Männer. Abraham weiß zu diesem Zeitpunkt schon, dass er auserwählt ist, »Vater der Menge« zu werden. Genau das bedeutet nämlich der Name »Abraham«. Doch er ist alt und seine Frau Sarah ebenfalls und scheinbar bereits unfruchtbar. Die drei geheimnisvollen Besucher wurden von den Kirchenvätern immer als Hinweis auf die göttliche Dreifaltigkeit gesehen und von dem russischen Maler Rubeljev auf einer berühmten Ikone so dargestellt. Das entscheidende dieser Erzählung ist nun die überbordende Gastfreundschaft, mit der der Beduine Abraham die drei Fremden aufnimmt: Er wirft sich ihnen zu Füßen, bittet sie von sich aus zu bleiben, wäscht ihnen die Füße, lässt seine Frau Sarah Brot backen, schlachtet ein Kalb und setzt es ihnen bei einem Festmahl vor. Das sind alles Elemente, die sich später im Verhalten Jesu widerspiegeln und die für unsere Klöster als Vorbilder gelten müssen. Der »Lohn« für diese

ungeheuchelte Liebe und uneingeschränkte Großzügigkeit ist die von Gott geschenkte Fruchtbarkeit. Denn kaum sitzen die drei Fremden beim Mahl, geben sie dem Abraham die Verheißung, dass seine Frau Sarah noch in diesem Jahr einen Sohn zur Welt bringen wird. Und so setzt sich von der Gastfreundlichkeit weg ein Stück weit die Heilsgeschichte in Gang, denn nun wird Abraham wirklich zum Vater und dann zum »Stammvater der Menge«, zum Stammvater des Volkes Israel.

Ein Tag im Kloster

Wir Mönche sind anders, wir leben auch anders, denn unser Leben hat einen festen Rhythmus, eine Ordnung. Wir sind ein Orden, und *Orden* kommt von *Ordnung*. »Unser Gott ist nicht ein Gott der Unordnung«, heißt es im 1. Korintherbrief (14,33). Unser Leben ist nach Zyklen geordnet. Jeden Tag, jede Woche und jedes Jahr wiederholen wir denselben Kreislauf von Gebräuchen und Gebeten. Natürlich leben auch Menschen »in der Welt« nach solchen Zyklen, auch »draußen« gibt es den großen Jahreskreislauf mit seinen Höhepunkten wie Weihnachten, Ostern, Urlaub, Geburtstagsjubiläen, auch draußen gibt es den Wochenrhythmus mit Arbeitsbeginn und Wochenende … Das Besondere bei uns ist, dass die Ordnung jedes Jahres, jeder Woche und vor allem jedes Tages völlig gleich ist. Unser Tagesablauf ist 365 Tage im Jahr immer derselbe: ein feststehender Wechsel im Rhythmus von Chorgebet und Arbeit, von Essenszeiten und Freizeit, von Studium und gegenseitigem Austausch. Am

Maria, Benedikt und Bernhard im Deckenfresko der Klosterpforte

Anfang ist das hart! Darum ist es klug, dass ein neuer Mönch erst einmal ein ganzes Jahr Zeit hat, um sich in diesen Lebensstil einzufügen. Jeden Tag, auch sonntags und an Feiertagen vor 5 Uhr aufstehen, jeden Tag die sieben Zeiten zum Chorgebet einhalten, das ist gewöhnungsbedürftig. Es gibt das schöne lateinische Sprichwort: »Serva ordinem et orda te servet! Ertrage die Ordnung, dann wird die Ordnung dich tragen.« Man meinte diesen geordneten Tagesrhythmus, wenn man die Benediktsregel unter dem Schlagwort zusammengefasst hat: »Ora et labora! Bete und arbeite!« Das ist zu einem Slogan geworden, den man sich auch ohne Lateinkenntnisse gut merken kann. Doch wenn man die Benediktsregel genau liest, müsste man einen dritten Imperativ anfügen: »Lege! Lies!« Der Mönch soll nämlich nicht nur beten und arbeiten, er soll auch jeden Tag meditativ in der Heiligen Schrift lesen, und er soll nicht zuletzt studieren! Übrigens: Nach meinem Gefühl hat ein Mönch gerade aufgrund dieser Ordnung sogar »mehr Zeit« als die Menschen draußen, die ihr Leben oft unstrukturiert vertrödeln. Wie sehr mich benediktinischer Geist geprägt hat, merke ich zur Zeit etwa auch daran, dass mir das Pünktlichsein in Fleisch und Blut übergegangen ist. Wenn ich zu knapp zu einem Termin komme, werde ich nervös und entwickle ein schlechtes Gewissen. Wie ganz anders erlebe ich das oft in der Seelsorge. Wie oft muss ich als Priester auf andere warten, die nicht pünktlich sind! Und sogar Brautpaare finden nichts dabei, den Pfarrer und die Feiernden eine Viertelstunde lang vor dem Kirchenportal warten zu lassen, bis sie dann gemütlich eintrudeln.

Der Tagesablauf ist in allen Klöstern verschieden. In Heiligenkreuz gilt folgende Ordnung:

5.15 bis 5.55 Uhr	Chorgebet: »Vigilien«
6.00 bis 6.25 Uhr	Chorgebet: »Laudes«
6.25 bis 7.15 Uhr	Heilige Messe: »Konventamt« oder »Konventmesse«

An Sonn- und Feiertagen ist die heilige Messe nicht um 6.25 Uhr, sondern erst um 9.30 Uhr.

8.00 bis 12.00 Uhr	Arbeit
12.00 bis 12.20 Uhr	Chorgebet: Mittagshoren »Terz« und »Sext«
12.20 bis 13.00 Uhr	Mittagessen
13.00 bis 13.20 Uhr	Chorgebet: Totengedächtnis und Mittagshore »Non«
13.20 bis 14.00 Uhr	Mittagsruhe
14.00 bis 18.00 Uhr	Arbeit
18.00 bis 18.30 Uhr	Feierliches Chorgebet: »Vesper«
18.30 bis 19.00 Uhr	Abendessen
19.00 bis 19.45 Uhr	gemeinsamer Austausch: »Rekreation«
19.50 bis 20.10 Uhr	Lesung aus der Benediktsregel und Chorgebet: »Komplet«
ab 20.10 Uhr	Möglichkeit zu Rosenkranz und Eucharistischer Anbetung

danach Nachtruhe und Schweigen: »Silentium nocturnum«

Diese »Starre« des Immer-Selben kann Außenstehende abschrecken. Wie gesagt, es bedarf dazu einer gewissen Gewöhnung. Für mich ist es beispielsweise durchaus ein Problem, dass ich in meinen Ferien zumindest in den ersten Tagen immer vor 5 Uhr aufwache, weil ich es einfach so gewohnt bin. Wie gerne würde ich ausschlafen, aber der innere

Wecker lässt mich nicht. Für uns ist diese Ordnung auch kein zwanghaftes Gesetz, wir sind ja freiwillig hier. Der Schlüssel zu unserem Im-Kloster-Sein und Im-Kloster-Bleiben steckt immer innen, das heißt: Wir sind hier und leben so, weil wir es wollen, und nicht, weil uns jemand dazu gezwungen hat. Wir könnten jederzeit gehen, wer sollte uns hindern, wenn nicht unser eigener Wille?

Klostergäste sind herzlich eingeladen, an unserem Tagesrhythmus teilzunehmen, freilich so, wie sie wollen und können. Unser Gastmeister erzählt jedem Neuangekommenen, dass es bei uns ein uraltes Gesetz gibt, wonach ein Gast am ersten Tag auszuschlafen habe. Das »uralte Gesetz« ist ein bisschen geschlenkert, wir haben diese »Regel« erst in den letzten Jahren erfunden, damit sich unsere Gäste nicht verpflichtet fühlen, die Anstrengung unserer frühmorgendlichen Gebetszeiten mitzumachen. Wir Mönche stehen täglich vor 5 Uhr auf, das erste Chorgebet, die Vigilien und Laudes, beginnen um 5.15 Uhr. Das entspricht dem Brauch der vortechnisierten Welt, die kein künstliches Licht zur Verfügung hatte, noch in der Finsternis den herandämmernden Tag herbeizubeten. Um ca. 6.25 Uhr feiern wir die heilige Messe, die klösterliche »Konventmesse«. Sie ist schlicht und doch feierlich gestaltet und dauert »nur« 45 Minuten. Für die Pfarrangehörigen finden eigene Messen statt. An Sonn- und Feiertagen ist die Konventmesse um 9.30 Uhr, also mitten am Vormittag. Der Sonntag ist für uns insofern ein »freier Tag«, als wir da mehr freie Zeit haben. Dahinter steckt unsere Überzeugung, dass alle Zeit Gott gehört. Wir widmen sie ihm im Gebet, und er schenkt sie uns zurück, indem er uns Erholung in seiner Nähe schenkt.

Nach der morgendlichen Konventmesse geht es nach einer kurzen persönlichen Danksagung meist schnurstracks zum Frühstück. Das ist auch notwendig, denn zwei Stunden Gebet mit nüchternem Magen liegen dann schon hinter uns. Entsprechend reichhaltig und gesund ist das Frühstück, das wir in den letzten Jahren den Erkenntnissen der modernen Ernährungskunde angepasst haben. Seit einigen Jahren haben wir auch einen Kaffeeautomaten, und zwar in einer Größenordnung, wie er sonst nur in der Gastronomie verwendet wird. Bei 60 Mönchen, die im Haus leben, gibt es natürlichen einen hohen Kaffeekonsum. Kaffee hilft manchen schon vor dem Morgengebet, die Schläfrigkeit zu überwinden, und unter Tags ist der Frühstücksraum ein beliebter Treffpunkt. Das Frühstück ist freigestellt, man kann also auch fasten. Aber die meisten nutzen es gern, denn man kann sich so in der Früh gleich gegenseitig austauschen. Denn mit dem Früh-

stück endet das nächtliche Stillschweigen, sieht man davon ab, dass wir ja schon mehr als zwei Stunden mit Gott gesprochen haben. Es ist eine ideale Zeit, um Termine zu koordinieren und Gemeinsames zu planen.

Von 8 bis 12 Uhr gehen wir unserer Arbeit nach, was für jeden etwas anderes bedeutet. Die Studenten müssen sich meistens schon beim Frühstück beeilen, um rechtzeitig zu Vorlesungsbeginn um 8 Uhr an der Hochschule zu sein, die Gott sei Dank am Ort liegt. Die anderen Mitbrüder gehen ihrer entsprechenden Arbeit nach; langweilig wird uns nicht. Die Mitte des Tages versammelt uns wieder zum Gebet: zehn vor zwölf läutet ein Novize die kleine Konventglocke mit einem Seil. Der helle Klang hat etwas Alarmierendes an sich, wohl deshalb, weil die alte Glocke schon seit Jahrhunderten die Aufgabe hat, alle schnell in der Kirche zusammenzurufen. Nach der Benediktsregel sollen wir Mönche »dem Gottesdienst nichts vorziehen« (Regula Benedicti 43,3). Das wirkt sich konkret so aus, dass wir mit dem Glockenzeichen unsere Arbeit beenden. Wenn es läutet, müssen wir den Computer herunterfahren, die Besprechungen abbrechen, die Telefonate beenden, uns das weiße Gebetsgewand, die »Kukulle«, überwerfen, um rechtzeitig in der Kirche zu sein. Um 12 Uhr beten wir die Terz und Sext, die nur ungefähr 20 Minuten dauern, danach ziehen wir schweigend in den Speisesaal zum Mittagessen.

Die Tische in dem langgezogenen, barock gestalteten Refektorium sind genauso angeordnet, wie wir beim Chorgebet stehen, sie stehen also entlang der Wand, sodass wir, durch einen breiten Mittelgang getrennt, uns gegenübersitzen. Die Idee ist, dass das gemeinsame Mahl den Gottesdienst fortsetzt; das Essen soll Abbild des endzeitlichen »Himmlischen Hochzeitsmahles« (Offenbarung 19,9) sein. Die Benediktsregel gebietet, dass auch während des Essens Schweigen herrschen soll, aber so, dass man zugleich durch eine Tischlesung erbaut wird. Das heißt: Im Speisesaal befindet sich eine Kanzel, wo ein junger Mitbruder sitzt und vorliest. Benedikt will übrigens ausdrücklich, dass nur solche vorlesen, die die anderen »erbauen«, weshalb wir Rhetorikschulungen für unsere jungen Mitbrüder eingeführt haben. Der Name »Refektorium« kommt übrigens vom Lateinischen »reficere«, das heißt wörtlich »erfrischen«, »stärken«, »aufbauen« und ist im Doppelsinn gemeint: leiblich und geistig. Vielleicht können Außenstehende es sich schwer vorstellen, aber ich genieße es, beim Essen einfach einmal zuhören zu können. Vor Kurzem tagte die österreichische Bischofskonferenz bei uns, und die Bischöfe gaben uns die Ehre, mit uns im Speisesaal zu essen. Ausdrücklich sollten auch Schweigen und Lesung beibehalten werden. Waren es die anstrengenden Sitzungen der Bischöfe? Kardinal Schönborn bedankte sich bei der Verabschiedung überschwänglich für »den Genuss der Tischlesung«. Ich kann dem nur beipflichten! Es ist ein Genuss, Spannendes gut vorgelesen zu bekommen, das Zuhören-Dürfen baut wirklich auf. In der jüngsten Zeit ist das Zuhören ja im Rahmen des technischen Fortschritts wiederentdeckt worden: durch das Hörbuch. Ich genieße es jedenfalls, bei langen Autofahrten, Hörbücher oder zumindest gute Dokumentationen im Radio anzuhören.

Wir Mönche in Heiligenkreuz schweigen aber nicht immer während des Essens: Da wir auch das Bedürfnis nach Austausch haben, wird während des Mittagessens nur zur

Suppe vorgelesen, und zwar die Weltnachrichten, zumeist von christlichen Agenturen. Der Vorteil ist, dass wir so nicht den Faden zu dem verlieren, was in der Welt geschieht. Danach gibt der Obere ein Zeichen und erteilt die Erlaubnis zum Sprechen. Das Mittagessen ist kurz; sobald alle fertig gegessen haben, gibt der Abt ein Glockenzeichen und beendet das Mahl. Obwohl man jetzt schon reif für eine wohlverdiente Siesta wäre, folgt nochmals ein Gebet. Wir ziehen in Prozession in die Kirche zurück und rezitieren dazu den Psalm 51, den klassischen Bußpsalm, wo wir Gott um Reinigung für die schon Verstorbenen bitten. Es handelt sich um das Totengedenken, auf das dann die kurze Non anschließt. Also nochmals eine Viertelstunde Gebet, obwohl wir da schon todmüde sind. Dann endlich darf sich jeder, der es braucht, zurückziehen. Wenn man seit halb fünf auf den Beinen ist, geht einem um diese Zeit die Luft aus. Über die Siesta-Zeit gibt es mehrere klösterliche Witze: Die Zeit zwischen eins und zwei sei in der Kirche »die Stunde der Laien« – weil alle Priester schlafen. Und: Die meistverehrte Heilige in den Klöstern sei »die heilige Siesta«. Und lustig ist auch der Spruch, den ich von einem älteren Benediktiner gehört habe: »Ein guter Mönch steht um halb fünf Uhr auf – und das zweimal am Tag!« Lustig, stimmt aber nicht, denn um 14 Uhr geht es in der Regel weiter mit der Arbeit. Die Vorlesungen rufen, E-Mails müssen beantwortet werden, Gläubige bitten um Beichtgespräche, Korrespondenz muss erledigt werden … Und ab und zu verschlägt es uns ja auch in den Garten, um »richtig« zu arbeiten. Aber das ist eigentlich keine Arbeit im Sinn des lateinischen »labor«, was ja auch soviel wie »Mühe« bedeutet. Gartenarbeit ist das reinste Vergnügen.

Um 18 Uhr beginnt der klösterliche Abend mit der Vesper. Die Vesper ist das abendliche Lobgebet der Kirche; Vesper bedeutet Abendgebet oder Abendlob. Der Name »Vesper« ist in manchen Regionen des deutschen Sprachraums auf das Abendessen übergegangen. Gästen aus Deutschland müssen wir oft erst erklären, dass das richtige Abendessen erst nach der Vesper stattfindet. Die Vesper ist jedenfalls die feierlichste Gebetszeit des Tages. Wir versammeln uns in der bereits abendlich-dämmrigen Kirche. Unsere romanisch-gotische Abteikirche wurde von Osten nach Westen erbaut, sodass die morgendliche heilige Messe mit dem Sonnenaufgang im Osten und die abendliche Vesper mit dem Sonnenuntergang im Westen zusammenfallen. Unsere Vorfahren haben im 12. Jahrhundert so gebaut, dass sie das natürliche Licht verwenden, um einen mystischen Symbolismus auszudrücken: Das Licht der sinkenden Sonne fällt von Westen her – zumindest in der Osterzeit – durch die drei romanischen Fenster der romanischen Westfront und taucht den Chor von uns singenden Mönchen in ein goldgelbes Licht. Die drei Fenster stehen natürlich für die Dreifaltigkeit. Das dreifach geteilte Licht, das doch eins ist in seiner Intensität und Helligkeit, fällt in breiten Bahnen auf uns, die wir hier auf Erden das Lob des Einen und Dreifaltigen Gottes singen.

Nach der Vesper ziehen wir wieder schweigend in das Refektorium zum gemeinsamen Abendessen. Während des Abendessens wird nun durchgehend vorgelesen. Die Tischlektüre bestimmen Abt oder Prior, meist handelt es sich nicht um theologisch schwere Kost, sondern um Lebensbeschreibungen von Heiligen. Ich sollte vielleicht noch erwähnen, dass wir manchmal auch in schallendes Gelächter ausbrechen, wenn die Lektüre pointenreich ist; aber auch, wenn sich der eingeteilte Vorleser verspricht. In einigen Klöstern wird die Tischlesung auch in den Gästespeisesaal übertragen, sodass auch die Gäste stillschweigend mitlauschen können. Doch soweit sind wir in Heiligenkreuz noch nicht. Auf das Abendessen gibt es die Möglichkeit zum zwanglosen Zusammensein, wir nennen das »Rekreation«, also »Erholung«. Hier tun wir das, was man wirklich am besten mit dem österreichischen Wort »plaudern« umschreiben kann: Wir pflegen jene Gesprächskultur des zweckfreien Austausches. Das Entscheidende ist das Absichts- und Zweckfreie. Man erkundigt sich, was der oder jener Mitbruder gerade macht. Man erzählt von sich selbst. Oder man redet einfach über Gott und die Welt. Das ist schön und erholsam. Ich liebe die Rekreation, auch wenn ich nicht immer Zeit habe, daran teilzunehmen. Das ist weder Geschäftsbesprechung noch oberflächlicher Smalltalk, es ist Time-Sharing mit den Mitbrüdern. Mehr noch: Es ist Heart-Sharing, denn wir teilen uns ja gegenseitig mit. Jeder macht doch die Erfahrung, dass er, wenn er schon länger mit einem Menschen nicht geredet hat, sich diesem entfremdet. Das kann soweit gehen, dass man sogar das Gefühl hat, von dem anderen nicht geliebt, ja sogar verachtet zu werden. Kommunikation ist ein wunderbares Heilmittel, und genau das machen wir täglich bei der Rekreation. Wieder kommen mir meine Erinnerungen an meine ersten Aufenthalte als Jugendlicher im Kloster: Ich war überrascht, wie ungezwungen und nett und humorvoll die Mönche miteinander umgingen.

Um 19.45 Uhr läutet dann ein Novize mit der Konventglocke. Gäste sind meist beeindruckt, dass wir dann das Gespräch oft mitten im Satz abbrechen. In der Benediktsregel heißt es ja: »Hört man das Zeichen zum Gottesdienst, lege man sofort alles aus der Hand und komme in größter Eile herbei. Dem Gottesdienst soll nichts vorgezogen werden.« (Regula Benedicti 43,1). Ein Kloster ist ein Ort der Präferenz für Gott. Wir eilen zum letzten gemeinsamen Gebet des Tages, dessen Ablauf damit komplett ist. Darum heißt dieses Gebet auch »Komplet« bzw. lateinisch »Completorium«. Um 19.50 Uhr versammeln wir uns im Lesegang des Kreuzganges zur Lesung aus der Benediktsregel. Wir sitzen dabei in unseren weißen Kukullen auf einer Holzbank, uns gegenüber befindet sich eine Lesekanzel, von der aus der dafür eingeteilte Mitbruder ein Kapitel bzw. einen kürzeren Abschnitt der Benediktsregel vorliest. Innerhalb eines Jahres werden die 73 Kapitel der Benediktsregel insgesamt dreimal vorgelesen. Ich muss nochmals an meine ersten Erfahrungen als jugendlicher Klostergast anknüpfen, denn damals hat mich dieses schweigende Versammeln der Mönche im Kreuzgang ebenso beeindruckt wie die würdevolle Verneigung, die jeder vor dem Herrn Abt macht; am meisten haben mich die Fledermäuse fasziniert, die von einem Ende des Ganges zum anderen über unsere Köpfe hin- und herflatterten. Die riesigen Dachstühle und das uralte Gebälk des Stiftes sind Heimat für hunderte Fledermäuse. Regelmäßig kommen Fledermausforscher, um die Artenvielfalt und die Zahl dieser mir so sympathischen Tiere zu überprüfen. Sympathisch deshalb, weil sie offensichtlich wie Staubsauger die Insekten aus der Luft entfernen, sodass man bei uns ziemlich sicher sein kann, dass einem im Sommer trotz offenen Fensters keine Fliege im Zimmer stören wird. Höchstens eine Fledermaus.

Nach der Lesung aus der Benediktsregel ziehen wir in die Kirche und beten die Komplet, die nicht länger als 15 Minuten dauert. Eigentlich sollte man sie auswendig beten, ohne Licht. Aber das schaffen wir noch nicht. Wir älteren Mönche können die Hymnen und die drei Psalmen zwar auswendig, aber die vielen jungen brauchen noch die Chorbücher vor sich, um mitsingen zu können. Von der Sache her ist es ein Sich-Hineinbeten in die Geborgenheit der Nachtruhe. Traditionell schließt die Komplet mit einem Gute-Nacht-Gruß an die Gottesmutter Maria, dem »Salve Regina«. Dazu ist es in der Kirche ganz finster, nur zwei Kerzen brennen auf dem Altar. Die Komplet schließt mit einer stillen Erforschung des Gewissens: Wir überlegen am Ende des Tages, wo wir uns gegen Gott und die Menschen versündigt haben. Danach gibt es ein besonderes Ritual des Gute-Nacht-Segens durch den Abt: Wir ziehen in Prozession aus der Kirche, wobei uns der Abt am Kirchenausgang erwartet. Jeder Mönch verneigt sich der Reihe nach tief vor dem Abt. Dieser besprengt uns mit Weihwasser; das Wasser erinnert an die Taufe und steht für Sündenvergebung und innere Reinigung. Dieses Ritual ist sehr wichtig, denn es soll uns seelisch frei machen für eine »gute Nacht und ein seliges Ende«, so hat es der Vorbeter auch während der Komplet von Gott erbeten.

Mit der Komplet beginnt das große »Silentium nocturnum«, das nächtliche Stillschweigen, das heißt: die Nacht ist eine Zeit der inneren Einkehr bei Gott. Zusammenhocken, miteinander tratschen oder Fernsehen passen einfach nicht; wir wollen das nicht und halten daher auch das Still-

Heilandskreuz im Kreuzgang

schweigen. Natürlich ist Beten erlaubt. So gibt es etwa den schönen Brauch, dass jetzt noch von vielen gemeinsam der Rosenkranz vor dem ausgesetzten Altarssakrament gebetet wird. Dieses Volksgebet ist schon durch den Rhythmus der beständigen Wiederholungen der beiden Grundgebete »Vater unser« und »Gegrüßet seist du, Maria« eine Quelle, aus der man persönlich Kraft schöpfen kann. Der Rosenkranz gehört nicht mehr zu den offiziellen Gebeten des Klosters; jeder Mönch soll ihn täglich beten, aber wie und wo er das macht, ist ihm freigestellt. Erlaubt sind nach der Komplet auch seelsorgliche und geistliche Gespräche; natürlich darf man nach der Komplet zur Beichte gehen, was jeder Mönch mindestens alle vierzehn Tage tut oder tun sollte.

Ich persönlich bin am Abend meist völlig geschafft. Der liebe Gott wusste immer schon, dass er mich als Mönch haben wollte, darum hat er mich als Morgenmenschen geschaffen. Am Abend schaffe ich keine Arbeiten mehr, für die größere Konzentration erforderlich ist. Daher beschränke ich mich dann in der Stille meines Zimmers auf das Erledigen der Korrespondenz und das Beantworten von E-Mails. Nochmals muss ich betonen, dass ich die moderne elektronische Technik als Geschenk empfinde, denn sie ermöglicht mir, von meiner Klosterzelle aus mit so vielen Menschen in seelsorglichem Kontakt zu sein, ohne dass ich dadurch von meinem eigentlichen Lebensrhythmus abgelenkt werde. Freilich muss man bei der Benutzung des Internets, die den Meisten von ihrem Zimmer aus möglich ist, Disziplin halten. Zwar schützt ein effizientes System auf unserem Server die Benutzer vor der Versuchung, per Mausklick nach »Sodom und Gomorrha« zu geraten, aber es gibt auch viele »harmlose« Inhalte, die dann nicht mehr so harmlos sind, wenn sie uns die Zeit für Gott und die Kraft zum Studium rauben. Außerdem braucht meine Seele vor dem Schlafengehen eine »Deeskalation« der Gedanken und Fantasien. Ich mache das meist so, dass ich mich ein paar kurze Augenblicke neben meinem Bett niederknie und meinen Blick auf ein Jesus-Bild hefte, das über meinem Bett angebracht ist. Der Herr ist dort dargestellt, wie er sein brennendes Herz in der Hand hält. Diese Jesus-Darstellung geht auf die Ordensfrau Margareta-Maria Alacoque zurück, die ab 1673 spannende mystische Erlebnisse hatte: Sie sah Jesus vor sich stehen und sein brennendes Herz aus der Brust treten, dazu sagte der Herr: »So sehr brennt mein Herz aus Liebe zu den Menschen, dass ich es nicht länger in meiner Brust verbergen kann ...« Am Abend bespreche ich noch mit meinem Herrn die Ereignisse des Tages. Dann lasse ich meine Gedanken fliegen und versuche, für die zu beten, die mir einfallen. Vor allem sind das meist Jugendliche. Ich nehme in diese Abendrunde des Jesusgesprächs aber auch die mit, die mir per E-Mail oder Brief ihre Sorgen anvertraut haben. Leider muss ich gestehen, dass ich diesen Tagesabschluss Aug-in-Aug manchmal ausfallen lasse, weil ich so müde bin und erschöpft ins Bett falle. Der Herr weiß aber ohnehin am besten, wer seine Hilfe am meisten braucht und für wen sein göttliches Herz am intensivsten glühen muss ...

2. Gott kennenlernen

Schule des Gebetes

Klöster sind Orte, wo gebetet wird. Seitdem wir durch unsere CD »Chant – Music for Paradise« so bekannt geworden sind, wollen viele Menschen an unserem Chorgebet teilnehmen, um den »Singenden Mönchen« zu lauschen. Gut so! Bei uns in Österreich sind Klöster so alt und daher so selbstverständlich immer schon da, dass viele Menschen uns nur als kulturelle Erscheinung wahrnehmen oder wahrgenommen haben. Nachdem wir mit nichts anderem als unserem täglichen Gebet, das auf unserer CD zu hören ist, in die Musik-Charts gestürmt sind, wurden viele Menschen erst wieder darauf aufmerksam, dass man in unseren uralten Klöstern nicht nur Ausstellungen besichtigen und Konzerte hören kann, sondern dass es hier Orte sind, über denen der Himmel offen steht. Ein junger Kellner unseres Klostergasthofes klopfte mir damals begeistert auf die Schulter: »Pater Karl, ich habe die CD. Ihr singt toll. – Macht ihr das öfter?« Der Kerl arbeitete schon jahrelang nur 200 Meter neben unserer Kirche und hatte keine Ahnung von dem, was wir täglich ab den frühen Morgenstunden machen! Das hat sich nun geändert.

Früher kamen die Touristen nur, um die Klosteranlage zu besichtigen. Ich erinnere mich noch, dass ich als junger Novize einmal von einer Besucherin gefragt wurde: »Wie viel bekommen Sie denn eigentlich dafür bezahlt, dass sie hier mit diesem langen Gewand herumlaufen?« Sie war der Meinung, dass das Kloster schon lange ausgestorben und ich nur ein verkleideter Statist sei. Mittlerweile ist unsere Kirche zu den kurzen Mittagsgebeten voll! Freilich bringt das wieder

Die drei romanischen Fenster sind Symbole der Dreifaltigkeit.

eine innere Herausforderung für uns mit: denn dass die Leute sitzen und lauschen, ist an sich schön, aber sogar mich, der ich mich grundsätzlich über die Anwesenheit von Interessierten freue, werde manchmal von dem Gefühl beschlichen, als würde ich beobachtet wie ein exotisches Tier im Zoo. In der hohen Abteikirche wurde in den 1960er-Jahren im hinteren Teil ein Gitter eingezogen, nachdem sich allzu viele Diebstähle ereignet hatten. Die Menschen können also nur bis ins erste Viertel der Kirche, dann stehen sie vor Gitterstäben. Oft denke ich, dass der einzige Unterschied zwischen einem Zoo und uns darin besteht, dass bei uns kein Schild hängt: »Füttern verboten!« Zumindest noch nicht.

Wir versuchen, diese Situation aber zu meistern, indem unser Gästepater vor dem Chorgebet eine kurze Begrüßung hält, wo er den Sinn unseres Gebetes erklärt. Manchmal fügt er dann eine kleine geistliche Einladung an: »Wir beten jetzt gleich für Sie, tun Sie es auch für uns.« Oder: »Auch wenn Sie jetzt unser lateinisches Chorgebet nicht verstehen, denken Sie einfach an den lieben Gott!« Uns ist natürlich klar, dass viele von denen, die da während unseres Chorgebetes in der Kirche sitzen, nur Zuschauer sind, die sich von den schönen Melodien und der stimmungsvollen Atmosphäre berauschen lassen ... Viele Menschen, auch getaufte Christen, sind ohne spirituelle Praxis aufgewachsen und haben gleichsam eine nicht-aktive Seele. Die Seele ist das geistige Element in uns, das uns mit dem Raum des Jenseitigen, mit der Transzendenz Gottes verbindet. Welches Privileg hat doch der Mensch, dass er in sich eine solche Beziehungsfähigkeit auf das Unendliche hin vorfindet!

Ich muss an dieser Stelle ein Geständnis ablegen: Als ich

mit 17 Jahren das erste Mal in Heiligenkreuz am Chorgebet der Mönche teilnahm, beeindruckte es mich überhaupt
nicht, im Gegenteil: Ich fand es »urlangweilig«, geradezu
anstrengend fad. Damals konnte ich zwar schon innerlich
beten, aber das beständig gleichklingende Stimmensurren
der weißgekleideten Kapuzenmänner riss mich nicht vom
Sessel, im Gegenteil. Das allererste Mal war ich beim Chorgebet, nachdem ich die Nacht über in einer benachbarten
Pfarre an einem christlichen Jugendevent namens »Bren-
nender Dornbusch« teilgenommen hatte. Pater Augustinus, der das Ganze organisierte, zog die jungen Leute in
Massen an, obwohl – oder gerade weil – er ein »steiles«
Programm zusammengestellt hatte. Die Mischung aus Gebet, Begegnung und Event gipfelte in einer heiligen Messe um drei Uhr in der Nacht (jawohl!), bei der ein junger
Priester namens Pater Bernhard predigte. Dieser sollte
dann noch ganz wichtig werden in meinem Leben, um mir
bei der Findung meiner Berufung zu helfen. Er sprach so
originell und mitreißend, dass die Müdigkeit keine Chance
hatte. Doch nach der Messe folgte eine Fußwanderung nach
Heiligenkreuz, wo wir gerade rechtzeitig zu den morgendlichen Vigilien um 5.15 Uhr ankamen. Dass diese zirka eineinhalb Stunden dauern, habe ich schon geschildert. Da saß
ich also mit den hunderten anderen jungen Leuten in der
kühlen Abteikirche, und vorne brummten die Mönche ihr
Chorgebet. Einmal die eine Seite, dann die andere Seite ...,
das war das Einzige, was mir dazu einfiel. Und: dass es kein
Ende nehmen wollte. Ich musste aufpassen, dass ich nicht
einschlief. Das ist einigen anderen tatsächlich passiert, ein
Mädchen fiel sogar aus der Bank in den Mittelgang der Kir-

che, nachdem sie vom Schlaf übermannt worden war. Das war meine erste Begegnung mit dem Chorgebet der Mönche, dem jetzt meine ganz große Liebe gilt … Die Zeiten haben sich auch bei mir geändert!

Bei vielen anderen Menschen aber liegt das Problem viel tiefer. Sie leiden nicht bloß an der frühen Stunde und der körperlichen Müdigkeit, sondern an der inaktiven Trägheit der Seele. Bei vielen ist die Fähigkeit, zu Gott zu beten, wie ein Geschenk, das nicht ausgepackt ist, wie ein Talent, das nicht genutzt wird. Eine der größten Gnaden meines Lebens besteht darin, dass ich beten gelernt habe. Darum möchte ich hier eine kleine Schulung für das Gebet geben. Ich denke dabei auch an diejenigen, die als Gäste ins Kloster kommen und dann plötzlich mit der Ordnung und Stille nichts anfangen können. Wenn ein Aufenthalt im Kloster einen positiven Zweck haben soll, dann doch bitte den, dass er näher zu Gott führen soll.

Hier könnte ich viele Beispiele erzählen, wir erleben ja oft geradezu Wunder der Bekehrung. Eine recht berühmte Frau aus der Musikwelt war wochenlang bei uns zu Gast. Von sich aus bat sie um die Gelegenheit, mit Mönchen und Priestern zu sprechen. Die Arme war völlig ausgepowert, und mehr noch: durch vieles, das sie im Leben durchgemacht hatte, verwundet, aber so, dass die Wunden schwere Narben in ihrer Seele hinterlassen hatten. Wir sind ja alle verletzlich und die inneren Verwundungen sieht man außen meist nicht. Ich habe als Priester schon oft die Erfahrung gemacht: Außen glänzt alles, innen ist vieles nicht in Ordnung. »Außen hui, innen pfui!« Es war viel Gebet für diese Frau notwendig, aber dann hat der liebe Gott gewirkt. Sie bat mich, ob sie bei

Die »Fraterie«, der mittelalterliche Arbeitsraum

der Jugendvigil dabei sein dürfe, und ich gab ihr gerne die Erlaubnis, obwohl ich sonst keine Menschen über 35 Jahren zulasse. Am Ende der Jugendvigil, nachdem 300 junge Leute miteinander gebetet und gesungen, Gott gelobt und gepriesen hatten, kam die Frau vor und bat, ein paar Worte sagen zu können: »Heute«, so sagte sie, »habe ich nach 20 Jahren das erste Mal wieder eine Kirche betreten. Heute konnte ich nach 20 Jahren zum ersten Mal wieder beten ...«

Es ist eine große Gnade, beten zu können, und es wäre uns sehr recht, wenn die Menschen unsere Klöster nicht nur besuchen, um die Architektur und Kultur zu besichtigen oder uns Mönche beim Gebet anzuschauen. Gebet ist eine Öffnung des Herzens hin auf Gott, ist ein Weitwerden der Seele für die Nähe Gottes. Gebet kann, aber muss nicht in Worten und Formeln bestehen. Gebet ist das Berührtwerden durch Gott. Das kann man nicht erzwingen, man muss es

sich schenken lassen. Aber man kann schon etwas tun, um den lieben Gott zu motivieren, es einem zu schenken. Das muss am Anfang auch keine große oder zeitraubende Sache sein. Ein kurzer Gedanke genügt. Es ist schon Gebet, wenn ich zu Gott »du« sage.

Im Eingangsbereich unserer Klosterkirche befindet sich ein riesiger Stand mit Opferkerzen. Der Erlös gehört interessanterweise nicht uns Mönchen, sondern der Pfarre Heiligenkreuz, die dadurch auch ihre Armenfürsorge finanziert. Das Anzünden eines Lichtleins ist eine Geste, die die Menschen lieben, ohne genau benennen zu können, warum. Ich denke, dass es nicht nur die Faszination der aufflackernden Flamme ist, sondern dass viele Menschen dabei auch eine Art urreligiöses Gefühl von Wärme und Licht, Geborgenheit und Sinn empfinden. Mir war es aber immer zu wenig, wenn ich beobachtete, wie die Menschen nur die kleine Kerze anzündeten und stumm dastanden. Ich hatte immer das Gefühl: Viele wollen jetzt etwas sagen, etwas denken, das Du Gottes realisieren – aber können es nicht. Daher habe ich mit Erlaubnis des Abtes schon als ganz junger Mönch dort eine riesige Tafel mit einem Gebet angebracht. Und wenn ich jetzt vorbeigehe und sehe, wie die Lichtleinanzünder konzentriert und andachtsvoll dieses Gebet lesen, dann freue ich mich. Die Formulierung des Gebetes habe ich mir lange überlegt und mich dann zu einer Mischung aus Handlungsbeschreibung, Glaubensdank und Bittgebet entschieden. Das Kerzengebet lautet: »Ewiger Gott! Ich entzünde in dieser Kirche, die seit Jahrhunderten Dir geweiht ist, eine kleine Kerze. Ich bekenne damit meinen Glauben an Jesus Christus, Deinen Sohn: Er ist Mensch geworden, ist für uns gestorben und auferstanden. Aus Liebe zu uns hat er das getan, um uns Menschen zu erleuchten. Jesus Christus ist das Licht, das jede Dunkelheit – auch in mir – erhellt. Aus ganzem Herzen danke ich Dir! Und ich bitte Dich: Lass das Licht Christi in meinem Leben immer heller leuchten. Lass mich Seine Liebe tiefer erfahren. Segne bitte auch alle meine Lieben! Sei gelobt in Ewigkeit. Amen.«

Gottes Gegenwart

Viele kommen zu uns, weil sie Sorgen und Probleme haben, die ihnen über den Kopf wachsen. Und das ist auch gut so. Es ist eine Illusion, dass wir selbst mit unserem Leben fertig werden könnten. Wir brauchen dazu innere Stärke, wir brauchen dazu liebende Menschen, und wir brauchen dazu eine heile Beziehung zu Gott. Gott ist die Quelle aller Heilung, darum sprechen wir von ihm ja als dem »heiligen«, dem heilenden Gott. Seit ich ein bisschen in der Öffentlichkeit bekannt geworden bin, flutet täglich ein Strom von E-Mails auf meinen Computer, und folglich auch in mein Herz, wo Menschen um Gebet bitten. Familienprobleme, Krankheit, allgemeine Lebensangst oder auch sehr konkrete und detailliert geschilderte Belastungen bekomme ich da zu lesen. Und anderen Mitbrüdern geht es genauso. Wenn mich Journalisten fragten, ob ich durch den Medienrummel um uns herum nicht in Versuchung gekommen bin, mein Mönchsein etwas lockerer zu nehmen, habe ich mit einem klaren Nein antworten können. Tatsächlich ist das Gegenteil eingetreten. Durch die vielen Anliegen und Sorgen, die jetzt zu uns ins Kloster hineingeschrieben, hineingemailt und manchmal sogar hineintelefoniert werden, ist mir erst so richtig die Bedeutung meiner Lebensform bewusst geworden. Einmal wurde ich sogar persönlich gefragt, ob ich durch die vielen Begegnungen mit »der Welt«, die ich durch die Öffentlichkeitsarbeit für die CD »Chant – Music for Paradise« hatte, nicht selbst »verweltlicht« sei. Wie schon gesagt: Das Gegenteil ist der Fall.

Wichtig scheint mir, dass die Menschen selbst lernen zu beten. Ich möchte hier als Zugang zunächst einmal das Bittgebet empfehlen, weil ich selbst durch das Bitten das Beten gelernt habe. »Beten« kommt übrigens sogar von »bitten«. Das Bittgebet ist nichts Unfeines, auch wenn es höhere Formen des Gebetes gibt. Schade ist nur, wenn die Menschen nur dann beten, wenn sie etwas von Gott erbitten wollen. Das wäre zu wenig. Aber gerade für den Einstieg ist es gut, um die Seele auf Gott hin zu öffnen und Gott die Chance zu geben zu zeigen, dass es ihn gibt. Und zu zeigen, dass er »etwas kann«. Gott ist ja eine Wirklichkeit, nicht ein herbeigeschwätztes und zusammengereimtes Gedankengebilde. Natürlich kann man Gottes Existenz leugnen; man kann agnostisch abstreiten, dass man ihn erkennen kann … Natürlich haben viele Menschen heute ihre Seele mit einer Art undurchlässigem Neoprenanzug abgedichtet – und ersticken deshalb im Frust über ihre Endlichkeit. Aber Gott schafft es trotzdem immer wieder durchzukommen. Und alle theoretischen Abschottungen werden in dem Augenblick gesprengt, wo Gott sich dem Menschen in seinen Wirkungen zu erkennen gibt. Jesus sagt deshalb, dass wir bitten sollen (Matthäus 7,7). Gott muss nicht von uns Theologen bewiesen werden (wir können es auch gar nicht von uns aus). Er beweist sich selbst, indem er wirkt, wenn man ihn bittet.

Unser erstes Ziel muss es daher sein, die Menschen in Verbindung mit Gott zu bringen. Wir haben einen Vorteil: Bei uns gibt es die »Sensation« des Göttlichen. In die uralten Gemäuer ist die Verbindung mit Gott über Jahrhunderte hineingebetet. Die Atmosphäre führt automatisch zu einer Öffnung, zumindest zu einer Neugierde. Besonders wichtig sind uns da die Jugendlichen. Denn sie sind oft am meisten verstummt gegenüber Gott, weil ihnen niemand die Ohren geöffnet hat, um seine Stimme zu hören. Ich bin als Jugendseelsorger des Klosters viel mit Jugendlichen zusammen, und ich habe oft das Gefühl, als würden mir in den Gesprächen die mehr als 2.000 Jahre alten Worte des Psalmisten entgegenklingen: »Gott, du mein Gott, dich suche ich, meine Seele dürstet nach dir. Nach dir schmachtet mein Leib wie dürres, lechzendes Land ohne Wasser.« (Psalm 63,2). Wir haben uns in Heiligenkreuz dafür entschieden, Substantielles mit und für die jungen Leute zu machen. Das heißt: Wir wollen ihnen eine Atmosphäre schaffen, wo sie wirklich beten lernen.

Dazu kann äußere »*action*« oft ganz hilfreich sein. In meinem Kloster gibt es seit Jahren eine monatliche Jugendvigil, bei denen wir den Jugendlichen »nichts ersparen« von dem, was katholische Spiritualität ist. Den Ablauf muss ich kurz schildern, um einen Eindruck von der Buntheit dieses Jugendgebetes zu vermitteln, das monatlich etwa 300 junge Leute anzieht, obwohl – oder gerade weil – es so »steil« zugeht. Wichtig ist uns die Prämisse, die wir selbst uns gesetzt haben: Es geht uns nicht um Quantität, sondern wir wollen Qualität. Der qualitative Wert der Jugendvigil besteht darin, dass wir Mönche das tun, was wir am besten können: mit Gott sprechen, also »beten«. Und wir wollen das bei der Jugendvigil mit jungen Leuten tun. Ob jetzt 20 kommen oder 300, das ist uns egal. Der Ausdruck »Vigil« bezeichnet unsere morgendliche Gebetswache ab 5.15 Uhr. »*Vigilare*« heißt »wachen«. Mit den Jugendlichen freilich »wachen« wir am Abend vor Gott: Um 20.15 Uhr versammeln sie sich in der Kreuzkirche. Diese Kirche ist »gemütlich«. Bewusst gehen wir nicht in die große kühle Abteikirche, sondern in diese kleine Kirche, die durch die Anwesenheit der vielen jungen Menschen dann wirklich »gefüllt« ist. Wir Mönche eröffnen die Jugendvigil mit Gregorianischem Choral, weil es uns wichtig ist, dass auch unsere liturgische »Identität« sichergestellt ist. Beten kann man überall, aber mit uns Mönchen beten kann man nur in Heiligenkreuz. Es folgt eine stille Lichterprozession in die dunkle Abteikirche, das ist durchaus romantisch. Singend zieht die lange Prozession dann weiter durch den Kreuzgang. Dabei beten wir ein Gesätz vom Rosenkranz. Das Wiederholungsgebet passt gut zum Gehen; es erfordert nicht eine so volle Konzentration, dass man nicht zugleich auf die flackernden Kerzen schauen kann, deren Glanz sich im gotischen Rippengewölbe der hohen Abteikirche widerspiegelt. Es ist romantisch, für die Teilnehmer »mal ganz was anderes«. Die vielen Jugendlichen setzen sich dann im Lesegang nieder, also in jenem Teil des mittelalterlichen Kreuzganges, wo wir Mönche täglich am Abend eine Lesung aus der Benediktsregel hören. Hören ist die grundlegendste Tugend des Mönches. Und wir laden die Jugendlichen zum Zuhören ein, indem auch jetzt eine Lesung stattfindet. Unser Frater Kilian, der selbst eine aufregende Bekehrung hinter sich hat und eine »heutige« Sprache spricht, verfasst jedes Mal eine jugendgemäße Geschichte. Seine Geschichten haben originelle Pointen, so dass sie etwas im Inneren berühren.

In diesem ersten Teil der Jugendvigil geht es um Einstimmung. Nach diesem Teil der Wallfahrt in Form eines Pilgerweges findet dann der Rest der Jugendvigil in der Kreuzkirche statt. Unsere Jugendband spielt mitreißende, neue geistliche Lieder. In dieser Band spielen mittlerweile bereits mehrere junge Mitbrüder, einige sind ja durch die Jugendvigil in Kontakt mit unserem Kloster gekommen. Bei der Musik ist uns wichtig, dass sie in die Tiefe führt, denn gemeinsames Singen stellt eine Verbindung her: untereinander und noch mehr mit Gott. Ich muss noch erwähnen, dass ich einen kleinen Trick erfunden habe, um diese Fokussierung der Seele auf Gott zu erreichen, denn es ist klar, dass die jungen Leute auch deshalb kommen, weil man sich dort gegenseitig trifft. Es sind schon viele Beziehungen und Ehen aus der Jugendvigil hervorgegangen, und das ist wirklich sehr gut so. Es fällt manchen Pubertierenden aber schwer, sich im Herzen auf Gott einzulassen, wenn man neben einer hübschen Nachbarin oder einem attraktiven Burschen sitzt ... Der Trick besteht darin, dass ich bei der Begrüßung alle bitte, jetzt einmal dem Nachbarn bzw. der Nachbarin links und rechts kurz und intensiv in die Augen zu schauen. Der Sinn dieser Geste, die meist Heiterkeit auslöst, besteht darin, dass wir uns für die nächste Stunde von der äußeren Begegnung verabschieden. Für das Miteinander ist später ausführlich Gelegenheit. Doch bei der Jugendvigil geht es darum, dem unsichtbaren Gott in die Augen zu schauen, bzw. seinen Blick im Herzen zu spüren. Und dieser Trick funktioniert. Es ist unglaublich, wie bereit die Jugendlichen sind, sich auf eine Begegnung mit Gott einzulassen.

Dann folgt eine zündende Predigt, meist von einem jungen Priester, anschließend halten wir eucharistische Anbetung mit der Möglichkeit zu freiem Gebet. Ehrlich gesagt hätte ich mich als Jugendlicher nie getraut, offen und laut meine Bitten an Gott zu richten. Heute ist das anders. Viele trauen sich und sagen laut, was sie belastet. Sie beten für kranke Freunde, verunglückte Lehrer, sie danken für gelungene Schularbeiten und bitten auch mal für eine verstorbene Großmutter. Mir geht es vor allem darum, dass sich die jungen Menschen trauen, zu Gott »du« zu sagen.

Die Jugendvigil ist das monatliche Experimentierfeld, wo Gottes Wirklichkeit erfahren werden soll. Freilich gibt es auch ein paar äußere Regeln, die zum Erfolg dieses Jugendgebetes beigetragen haben. Eine davon ist, dass wir keine Erwachsenen zulassen. Das war am Anfang anders, bis einmal ein 15-Jähriger sich bei mir beschwerte: »Heute war es nicht cool, heute bin ich neben einer Oma gesessen.« – Die »Oma« war keine 40 Jahre alt. Das aber entspricht der Psychologie der Jugendlichen, die unter sich sein wollen, und so dürfen nur diejenigen Erwachsenen teilnehmen, die Chauffeursdienste für junge Leute leisten.

Ein zweites Prinzip, das wir befolgen, besteht darin, dass wir zwar »action« im Sinn von Weihrauch, gedämpftem Licht, Kerzenprozession usw. wollen, aber kein kompliziertes und theatralisches Trara, wie man es bei anderen kirchlichen Jugendveranstaltungen oft erlebt. Wenn man versucht, katholische Gebetstreffen oder gar heilige Messen nach der Art von Clubbings und Discos und ähnlichen Events zu »insze-

nieren«, entwickeln die Effekte meist eine solche Imposanz, dass sie gerade die Verbindung mit Gott, die ja im eigenen Herzen still und innerlich erfolgen muss, behindern. Ich halte also nichts von kirchlichen Jugendveranstaltungen, wo es nur eine aufwändige und actionreiche Verpackung gibt, aber null Inhalt. Da vergeben wir Chancen und fügen der Oberflächlichkeit der Welt nur eine weitere Oberflächlichkeit hinzu! Disco-Atmosphäre kriegt man heute überall, aber Sacro-Atmosphäre gib es nur in der Kirche. Ich bin ziemlich sicher, dass es der Kirche besser ginge, wenn sie ihr Kerngeschäft intensiver betreiben würde; wir sehen unsere Kompetenz als Mönche jedenfalls darin, Menschen die Chance zu eröffnen, der Wirklichkeit Gottes zu begegnen.

Unsere Jugendvigil ist klosterkompatibel: Sie soll eine Schule des Gebets sein und einen Raum bieten, wo Gott einen anrühren kann. Kurz: Die Gestaltung ist so, dass sie zu uns Mönchen passt und dennoch jugendgemäß ist. Weil es um eine Gebetsschule für Jugendliche geht, die oft noch religiöse Analphabeten sind, ist die Jugendvigil ausdrücklich keine Eucharistiefeier. Die heilige Messe ist für die gedacht, die schon fest sind im Glauben; für Unerfahrene wird sie schnell zu einem »Kultakt«, den man eben absitzt. Durch die freie Gestaltung mit verschiedenen spirituellen Elementen treten Lobpreis, Gebet, Gesang, die Predigt, die eucharistische Anbetung in den Mittelpunkt. Und weil es um die Seele geht, ist die Hinführung zur Beichte ganz wichtig. Mehrere Priester stehen die ganze Nacht für die Beichte zur Verfügung, und siehe da: Die Jugendlichen nehmen das gerne an, ja, sie sind dankbar für die Beichte. Bei wem können sie sich sonst aussprechen? Wer hört ihnen zu? Wo können sie dem Leistungs- und Imagedruck entfliehen und offen sagen, dass sie gar nicht so toll sind, wie sie das nach außen spielen müssen? Wo finden sie Vergebung und Lossprechung, wenn sie Mist gebaut haben? Wer entlastet ihr Gewissen und hilft ihnen aus ihren Minderwertigkeitskomplexen?

Weil mir viele Jugendliche auch per Mail oder auf Facebook ihre Probleme schildern und uns um das Gebet bitten, muss ich an dieser Stelle zum Bittgebet zurückkehren. Wenn man ins Kloster geht, darf man ruhig seine Bitten mitbringen. Der Apostel Paulus sagt seinen Gemeinden: »Hört nicht auf, zu beten und zu flehen! Betet jederzeit im Geist; seid wachsam, harrt aus und bittet für alle Heiligen.« (Epheser 6,18). Wenn wir nicht mehr beten und bitten würden, dann bedeutete das, dass wir Gott nichts mehr zutrauen. Und ich fürchte, dass genau das das »Krebsgeschwür« unser Zeit heute ist: Wir trauen Gott nichts mehr zu und meinen, alles selbst in den Griff bekommen zu können.

Und noch ein weiterer Gedanke, warum so wenige Menschen Gott bitten möchten: Vielleicht weil unser Bauch voll ist, weil es uns so gut geht? Es gibt ja das Sprichwort: »*Plenus venter non studet libenter!* Ein voller Bauch studiert nicht gerne!« Man könnte diese lateinische Weisheit auch abwandeln und sagen: »Ein voller Bauch betet nicht gerne!« Dem entspricht dann reziprok das Sprichwort: »Not lehrt beten!« Freilich ist es traurig, nur zu beten, wenn man in Not ist. Oft habe ich alte Kirchengänger, die frustriert sind, dass immer weniger Junge in die Kirche kommen, sogar sagen hören: »Es müsste wieder ein Krieg kommen, dann wäre unsere Kirche voll.« Bei solch »gut-gemeinten« Äußerungen läuft mir eine Gänsehaut über den Rücken! Das möge Gott um alles in der

Welt verhindern, dass wir einen Krieg, Not und Elend brauchen, damit wir Gott wieder ernster nehmen! Geht es nicht auch so? Ich war siebeneinhalb Jahre lang Pfarrer in einer kleinen Wienerwaldpfarre. Die alten Leute haben mir noch über die grauenhafte Zeit des Zweiten Weltkrieges erzählt. Damals war die Kirche brechend voll, obwohl der Bürgermeister ein Nazi-Anhänger war, der alles tat, um Pfarrer und Gläubige zu drangsalieren. Sie erzählten auch, dass sich nach dem Krieg die Kirche wieder schnell geleert hat. Eines Sonntags soll der damalige Pfarrer vor der halbleeren Kirche händeringend gerufen haben: »Und wo sind sie alle geblieben?« Ja, wo sind sie alle geblieben, unsere Gebete? Vielleicht besteht die Anziehungskraft unserer Klöster ja darin, dass die Menschen spüren, dass heute das Wort Christi mehr denn je gilt: »Bis jetzt habt ihr noch nichts in meinem Namen erbeten!« (Johannes 16,24).

Zweckfrei beten

Weitere Formen des Gebetes sind Dank und Lobpreis. Wir sind also beim Gebet der Mönche angekommen, denn unser Gebet ist in erster Linie zweckfreies Gebet. Tatsächlich wenden sich auch sehr viele Menschen an uns, weil sie um unser Gebet bitten. Wir nehmen diese Anliegen auch alle gerne in unsere täglichen Gebete auf, die ziemlich umfangreich und zeitintensiv sind: Wir Mönche beten ca. drei Stunden gemeinsam. Dazu kommen die stillen und persönlichen Gebete, die geistliche Lesung und verschiedene Übungen, bei denen wir uns bewusst mit Gott verbinden. Papst Benedikt XVI. hat bei seinem Besuch hier im Stift Heiligenkreuz am 9. September 2007 das Wesen unseres Mönchsgebetes wunderbar ausgedeutet: »Ich wollte an diesen geschichtsträchtigen Ort kommen, um auf die grundlegende Weisung des heiligen Benedikt aufmerksam zu machen, nach dessen Regel auch die Zisterzienser leben. Benedikt ordnet kurz und bündig an, ›dass dem Gottesdienst nichts vorgezogen werden soll‹. (Regula Benedicti 43,1). In einem Kloster benediktinischer Prägung hat daher das Gotteslob, das die Mönche als feierliches Chorgebet halten, immer den Vorrang. Gewiss – und Gott sei Dank! –, die Mönche sind nicht die einzigen, die beten; auch andere Menschen beten: Kinder, Jugendliche und alte Menschen, Männer und Frauen, Verheiratete und Alleinstehende – jeder Christ betet, oder er sollte es zumindest tun. Im Leben der Mönche hat freilich das Gebet eine besondere Stellung: Es ist die Mitte ihres Berufes. Sie sind von Beruf Betende. In der Väterzeit wurde das Mönchsleben als Leben nach der Weise der Engel bezeichnet. Und als das Wesentliche der Engel sah man es an, dass sie Anbetende sind. Ihr Leben ist Anbetung. So sollte es auch bei den Mönchen sein. Sie beten zuallererst nicht um dies oder jenes, sondern sie beten einfach deshalb, weil Gott es wert ist, angebetet zu werden. ›*Confitemini Domino, quoniam bonus!* Danket dem Herrn, denn er ist gütig! Denn seine Huld währt ewig‹ rufen viele Psalmen (z. B. Psalm 106,1). Ein solches zweckfreies Gebet, das reiner Gottesdienst sein will, wird daher mit Recht ›Officium‹ genannt. Es ist der ›Dienst‹, der ›heilige Dienst‹ der Mönche. Er gilt dem dreifaltigen Gott, der über alles würdig ist, ›Herrlichkeit zu empfangen und Ehre und Macht‹ (Offenbarung 4,11), da er die Welt wunderbar erschaffen und noch wunderbarer erneuert hat.« Der Papst hat das Wesen des Mönchtums exakt auf den Punkt gebracht.

Unser Gebet ist also »zweckfrei«, wir wollen nichts von Gott. Um es salopp zu sagen: Wir finden es einfach so toll, wie er ist und wie er alles gemacht hat, dass es uns ein Bedürfnis ist, ihm das drei Stunden am Tag lang zu sagen. Das ist zweckfreier Lobpreis. Es wäre uns zu wenig, wenn wir nur beteten, wenn wir etwas von Gott wollen. Das Bittgebet ist zwar, wie gesagt, wichtig und richtig. Aber Gott möchte auch zweckfrei angebetet werden, er möchte betend gelobt und gepriesen werden. So wie die Engel Gott anbeten. Die Engel wollen nichts von Gott, sie brauchen nichts von ihm, ihr ganzes Glück ist es, Gott zu schauen und ihm den Lobgesang zu singen: »Heilig, heilig, heilig!« Die ganze Geistigkeit der Engel besteht im Glück, Gott anbeten zu dürfen. Ihn anzubeten bedeutet auch für uns Menschen Glück, es bedeutet Ruhe, es bedeutet Geborgenheit. Wenn wir beten, dann hat das automatisch Auswirkungen auf uns selber, auf unsere Seele. Das Gebet hat Macht über uns selbst. Es bewirkt etwas in uns. Diese innerliche Macht des Gebetes ist mehr als bloß eine psychologische Selbstberuhigung. Es ist ja der allmächtige Gott, der in die Seele des Menschen hineinwirkt. Die Kraft, die das Gebet wirkt, entspricht nicht einem geschickten Meditationstraining oder Selbstberuhigungsprogramm. Es ist wirklich Gott – besser gesagt – der Heilige Geist, der da in das Herz des Menschen einkehrt. Er ist es, der in uns betet »mit einem Seufzen, das man nicht in Worte fassen kann« (Römer 8,26).

Ich bin dankbar, dass ich das schon als Maturant erfahren durfte. Nach der Schule musste ich meist lange auf den Autobus warten und schlüpfte dann immer in die Stadtpfarrkirche von Baden, wo ich zur Schule ging. Mir gefiel diese ruhige und doch prickelnde Atmosphäre, die über mir zusammenschlug, sobald ich die Kirche betreten hatte. Was für ein Segen sind doch offene Kirchen, denn eine Kirche ist ein Ort der Gegenwart Gottes.

Wenn ich bete, gebe ich Gott Macht über mein Herz, meine Gedanken, meine Gesinnungen, meine Pläne und Absichten. Das Gebet verändert mich, es sprengt mich auf, macht mich frei, öffnet eine Tür für das Wehen des göttlichen Geistes. Gebet öffnet. Das erleben wir Mönche sehr stark, weil wir ja zu Gattung der sogenannten »Zönobiten« gehören. Benediktiner und Zisterzienser leben gemeinsam. Auf Griechisch heißt »gemeinsames Leben« »*koinos bios*«, wovon sich das Wort »Zönobiten« ableitet. Davon unterschieden sind die »Eremiten«, die »Einsiedler«, die aber nie ein institutioneller Stand oder Orden in der Kirche waren. Gemeinsames Gebet öffnet auf Gott hin und aufeinander zu. Man sieht die Mitmenschen plötzlich mit anderen Augen. Ich behaupte, dass betende Menschen sich besser in den Ehemann, in den unfreundlichen Nachbarn usw. hineindenken können. Ein betender Mensch strahlt Güte und Verständnis aus. Wenn wir Mönche also täglich so lange miteinander beten, dann geht es auch um unsere Herzensformung. Ich kenne ein schönes Gebet, das dieses Anliegen aufgreift und vom »Ich« zum »Du«, von der Ich-Fixiertheit zur Hingabe führt. Es lautet: »Herr, mach mich zu einem Werkzeug deines Friedens, dass ich liebe, wo man hasst; dass ich verzeihe, wo man beleidigt; dass ich verbinde, wo Streit ist; dass ich die Wahrheit sage, wo Irrtum ist; dass ich Glauben bringe, wo Zweifel droht; dass ich Hoff-

nung wecke, wo Verzweiflung quält; dass ich Licht anzünde, wo Finsternis regiert; dass ich Freude bringe, wo der Kummer wohnt. Herr, lass mich trachten, nicht, dass ich getröstet werde, sondern, dass ich tröste; nicht, dass ich verstanden werde, sondern, dass ich verstehe; nicht, dass ich geliebt werde, sondern, dass ich liebe. Denn wer sich hingibt, der empfängt; wer sich selbst vergisst, der findet; wer verzeiht, dem wird verziehen; und wer stirbt, der erwacht zum ewigen Leben.«

Gott lobpreisen

Das Charakteristikum eines monastischen Klosters ist das feierliche gemeinsame Chorgebet. Besucher beeindruckt es schon, dass dieses Chorgebet wirklich an allen 365 Tagen im Jahr stattfindet. Egal wann man in ein Kloster kommt, man wird dort immer morgens, mittags und abends Mönche beim Chorgebet finden. Das öffentliche Chorgebet ist sozusagen das Markenzeichen einer Mönchsgemeinschaft. Natürlich kennen Mönche und Nonnen auch andere Formen: die eucharistische Anbetung, das persönliche Gebet, die geistliche Betrachtung der Heiligen Schrift und natürlich auch den täglichen Rosenkranz. Aber das Chorgebet ist die Mitte unseres Betens.

Sehr aufschlussreich ist, dass unser Gebet auch als »*officium divinum*« bezeichnet wird, das heißt wörtlich übersetzt: »göttlicher Auftrag« bzw. »göttlicher Dienst«. Das Gebet ist also ein »offizieller« Dienst, den die Mönche für die Kirche verrichten, es geht nicht nur um die private und subjektive Erbauung. Es ist die Erfüllung eines Auftrages: »Betet ohne

Unterlass« (1 Thessalonicher 5,17). Die Gottgeweihten beten im Auftrag der Kirche. Der Name »Officium« heißt im klösterlichen Sprachgebrauch auch einfach »Amt«. Wer ein Officium innehat, der hat ein Amt inne und ist ein »Offiziale«. Darin liegen zwei Aspekte: zum einen, dass es für den Mönch wichtig ist, nicht nur dann am Chorgebet teilzunehmen, wenn er dazu »in Stimmung« ist. Der »offizielle« und »dienstliche« Charakter des Stundengebetes soll ihn von der Diktatur seiner Lust und Launen frei machen. Zum anderen liegt in dem Amtlichen unseres Gebetes natürlich auch eine spirituelle Gefahr. Die Wüstenväter des 5. Jahrhunderts etwa haben es regelrecht wie einen Leistungssport betrieben, täglich alle 150 Psalmen dienstbeflissen herunterzurattern; und in früheren Zeiten hat die Verpflichtung zum Chorgebet auch zur Überforderung geführt; wir wissen etwa von Martin Luther, der ja Augustinermönch war, dass er als junger Dozent in Wittenberg sich durch das tägliche Gebetspensum völlig überfordert fühlte und wegen seiner Nichterfüllung der Gebetspflicht unter schweren Skrupeln litt. Später hat Luther eine »Möncherei«, der es nur darum geht, mit Mundbewegungen ein Quantum an Psalmen hinter sich zu bringen, heftig verurteilt. Mit Recht! Dem heiligen Benedikt ist eine Vorstellung fremd, wo es nur um eine geistlose Diensterfüllung geht. Natürlich geht er davon aus, dass der Mönch pflichtbewusst am gemeinsamen Gebet teilnimmt, und er trifft auch Anordnungen, wie Brüder beten sollen, die außerhalb des Klosters zu tun haben. Das Singen der Psalmen soll unserer Seele eine Begegnung mit Gott ermöglichen. Daher ordnet er an, dass unser Geist mit unserer Stimme übereinstimmt« (Regula Benedicti 19,7). Die Regelmäßigkeit des Chorgebets ist also freiwilliger Dienst und nicht zwanghafte Diktatur.

Die Benennung der »Horen«, also der einzelnen Gebetszeiten, spiegelt die antike Herkunft wider, wo man die Stunden unterschied in Stunden des Tages und Stunden der Nacht. Die Stunden des Tages begannen ab 6 Uhr, folglich nannte man das Gebet um die 3. Stunde, um 9 Uhr vormittags, die Terz, von »hora tertia«, »dritte Stunde«; die »Sext« ist das Gebet um die 6. Stunde, also zu Mittag; die »Non« heißt das Gebet um die 9. Stunde, das ist um 15 Uhr nachmittags. Die genauen Uhrzeiten der Gebete sind heute ebenso wie zu allen Zeiten je nach Kloster und oft auch nach Jahreszeit verschieden. Benedikt gibt nur den Rahmen vor. Die Ordnung in einem mittelalterlichen Kloster, das nach der Benediktsregel lebte, müssen wir uns ungefähr so vorstellen: Die Vigilien fanden früher wohl um 2 Uhr nachts statt, der Ausdruck »Vigilien« kommt ja von »vigilare«, »wachen«. Die Laudes wurde um die Zeit der Morgendämmerung gefeiert. Das lateinische Wort »Laudes« bedeutet »Lobpreisungen« und ist ein Pluralwort, daher spricht man von »den Laudes«. Die deutsche Übersetzung ist üblicherweise »Morgenlob«. Die Laudes bilden zusammen mit der Vesper zusammen gleichsam den Großen Rahmen von Morgen- und Abendlob. Die Konventmesse fiel entweder auf den Vormittag oder unmittelbar nach den Laudes. Die Prim, vom lateinischen »hora prima«, »erste Stunde«, wurde entweder nach der morgendlichen Konventmesse oder zu einer anderen frühen Zeit gefeiert. Die Namen der sogenannten »Kleinen Horen«, die heute noch üblich sind, »Terz«, »Sext« und »Non« stehen für die Stunde des Tages, zu der sie gefeiert werden. Schon früher als heute üblich, wohl gegen 17 Uhr, stand früher die Vesper, das Abendgebet, auf dem Programm. Schließlich fand die letzte Gebetszeit, die den bezeichnenden Namen »Completorium« bzw. »Komplet« trägt, weil durch sie die Siebenzahl der Horen »komplett« ist, gegen 19.45 Uhr statt.

Ohne Chorgebet kein Kloster. Aber wie ist das, wenn man so lange mit Gott spricht, insgesamt sind es ja täglich über 3 Stunden: Kann man so lange überhaupt konzentriert sein? Als Jugendseelsorger fällt mir hier das Bild von den jungen Leuten ein, die enorm hohe Handy-Rechnungen haben, sobald sie verliebt sind. Sie wollen eben immer mit dem lieben Menschen sprechen, sie wollen ihm nahe sein. Wenn Verliebte telefonieren, dann ist das eine »langage d'amour«. Es geht nicht um das Austauschen von rationalen Informationen, sondern einfach um ein Hinhören auf die geliebte Stimme und das Sich-Vergegenwärtigen beim unsichtbaren Anderen durch das Hineinplappern in das kleine Gerät am Ohr. So ähnlich empfinde ich das Chorgebet. Ich stehe vor Gott. Auch wenn meine Konzentration auf den Inhalt, den ich da bete oder in Gregorianischem Choral singe, nicht immer hundertprozentig ist: Ich bin doch »vor Gott«, in seiner Gegenwart. Ich verbringe meine Zeit mit niemand Geringerem als mit Gott. Das ist Sinn genug.

Das Latein ist dazu geradezu ideal. Ich könnte so gut Latein, dass ich alles verstehen könnte, aber ehrlich: Ich will gar nicht. Das Gebet ist ja nicht in erster Linie ein Verstandestun, sondern eine Herzensbewegung. Natürlich soll man wissen, was man betet. Darum müssen alle, die bei uns eintreten, gut Latein lernen. Ein Laienbruder aus dem Stift Rein sagte, als man in seinem Kloster auf das Deutsch als Liturgiesprache umstellte, bedauernd: »Schade, beim Latein hatte ich immer so goldene Gedanken.« Gerade die Verfremdung in eine andere Sprache erlaubt »goldene Gedanken«; die Muttersprache bringt die Gefahr mit sich, dass alles banal wird. In Heiligenkreuz haben sich unsere Vorfahren in den 1970er-Jahren entschieden, das Latein beizubehalten. Dabei ist es uns besonders wichtig zu betonen, dass dies den Normen des Zweiten Vatikanischen Konzils (1962 – 1965) entspricht. Das Konzil hat ja nicht, wie viele Menschen irrtümlich meinen, Latein als Liturgiesprache abgeschafft oder sogar verboten. Die Dokumente des Konzils und die Ausführungsbestimmungen betonen vielmehr, dass Latein die Liturgiesprache der westlichen Kirche ist und bleibt, wenn auch die Landessprache für bestimmte Gelegenheiten und Teile der Liturgie erlaubt wird. In den uns anvertrauten Pfarren feiern wir die heilige Messe üblicherweise in deutscher Sprache, als Mönche aber ist uns das Latein überaus wertvoll.

Auch der Gregorianische Choral ist an das Latein gebunden, da dieses eine sehr vokalreiche Sprache ist. Der Name »Gregorianischer Choral« geht auf den heiligen Papst Gregor den Großen († 604) zurück, entstanden ist die Gesangsform freilich erst später im 8. und 9. Jahrhundert, als römische Gesangsformen mit dem musikalischen Geschmack der Franken verschmolzen wurden. Der Choral ist einstimmig, er wird bei uns nicht von Instrumenten begleitet, und er ist Bestandteil der Liturgie, denn er ist Gotteslob und Gottesdienst. Das gregorianische Repertoire umfasst tausende Stücke! Zumeist sind es meditative Vertonungen biblischer Texte, sodass also von Gott geschenktes Wort als gesungenes Gebet auf Gott hin zurückgesungen wird. Choral ist in sich ein Dialog zwischen Gott und Mensch und Mensch und Gott. Die Melodien besitzen freien Rhythmus, also keine Takte wie die neuzeitliche Musik, und bewegen sich in acht »Tonarten«, also nicht bloß Dur und Moll wie in der heutigen Musik. Oft wird auf einer Silbe des Textes eine reiche Folge von Tönen gesungen. Durch die reich gestaltete Melodie, durch die sehr unterschiedliche Stimmung der Tonarten, durch Übergänge von der einen in die andere Tonart können musikalische Aussagen gemacht werden, die in der modernen Musik nur durch Einsatz mehrerer Stimmen oder Instrumente erzielt werden können. Am Anfang mochte ich den Gregorianischen Choral nur mäßig, jetzt liebe ich ihn. Durch den täglichen Gebrauch ist er nicht abgestanden und langweilig geworden, sondern im Gegenteil. Choral ist nicht Fast-Food-Musik, sondern ein anhaltender Protein-Shake für das Gehör und für die Seele. Aber man braucht eben Zeit, um sich in die Welt der Gregorianik einzuhören, um ihren inneren Reichtum schätzen zu lernen. Vor allem aber ist der Glaube die Grundlage zum Verständnis dieser Musik.

Das Chorgebet

Unser Chorgebet ist für die meisten Menschen, die daran teilnehmen, nicht leicht zu verstehen und dennoch interessant. Vielleicht weil es so anders, so unangepasst fremdartig zu all dem ist, was man sonst an Gottesdienst und Liturgie kennt. Ich möchte kurz erklären, was das Chorgebet ist. Bei vielen Interviews, die ich über die CD »Chant – Music for

Paradise« geben durfte, kamen Fragen wie: »Woran denken die Mönche, wenn sie so lange beten? Kann man Gott wirklich spüren? Was sagt einem Gott, wenn man mit ihm spricht?« Diese Fragen kamen meistens, nachdem die Journalisten am Chorgebet teilgenommen hatten. Sie verrieten zumindest, dass sie auf etwas gestoßen waren, das vom geistigen Inhalt her für sie interessant war. Jeder Inhalt vermittelt sich aber durch eine Form, und die Form, wie wir im Chorgebet mit Gott sprechen, entsteht aus dem Zusammenspiel von Klang und Gebärde. Das heißt nichts anderes, als dass das Chorgebet für die Teilnehmer auch als eine Art Schauspiel empfunden wird. Zumindest gibt es da etwas für die Augen: Wenn Gäste uns beim Chorgebet zuschauen, so präsentieren sich ihnen zwei Reihen von Mönchen, die einander im Chorgestühl gegenüberstehen, und die, bekleidet mit weißen Gewändern, im Gleichtakt Bewegungen ausführen: Da gibt es das Verneigen, das Vortreten, das Sich-Drehen zum Altar, das Knien, das Still-Stehen ... Wenn Fernsehteams kommen, wollen sie unbedingt immer das Chorgebet filmen, offensichtlich weil in der Harmonie von Bewegung und Gesang etwas »Anschauliches« liegt.

Ich möchte hier kurz die Riten ausdeuten, die wir während des Chorgebetes vollziehen, und muss zunächst bei unserer Kleidung beginnen. Denn schon unsere Gewänder sind ein Teil unseres Gebetes. Ein Zisterzienser trägt einen weißen Habit, darüber einen schulterbreiten schwarzen Streifen, der Skapulier heißt und von einem schwarzen Gürtel, dem Zingulum, zusammengehalten wird. Als unsere Väter sich Anfang des 11. Jahrhunderts von den Klostergebräuchen von Cluny lösten und ihr erstes Kloster Cistercium ausdrücklich

»*Novum Monasterium*, Neues Kloster« nannten, war es klar, dass sie ihre neue Identität auch durch ein neues »Outfit« ausdrücken mussten. Zunächst hielt man sich an die Anordnung der Benediktsregel, der es nicht um Mönchsmode ging, sondern einzig darum, dass man die Kleidung aus dem Stoff anfertigt, der sich in der Gegend findet oder den man billiger kaufen kann. (Regula Benedicti 55,7). Am billigsten war ungebleichter, also grauer Stoff, sodass die Zisterzienser zunächst als die »Grauen Mönche« galten. Im Lauf der Zeit wurde die Schürze, das Skapulier, aber immer dunkler, die Tunika immer heller, sodass die Mönche von Cîteaux schon bald so aussahen, wie wir heute aussehen. Eine Legende erzählt, dass die Gottesmutter persönlich Abt Alberich, dem zweiten Abt von Cîteaux, das schwarzweiße Ordensgewand übergeben habe. Der wahre Kern daran ist, dass für uns das Ordensgewand wirklich ein Geschenk des Himmels ist: Es gibt uns Identität, es zeigt unsere Weihe an Gott, es erspart uns viel Geld für modisches Gewand, es macht uns zeitlos aktuell und es ist, wie es im Segensgebet heißt, ein Schutzschild gegen die Angriffe des Bösen.

Doch das schwarzweiße Gewand ist nur unser Alltagsgewand, denn zum Chorgebet ziehen wir Zisterzienser eine weiße Kukulle, das Chorgewand, über den Habit. Während die Kukulle bei den Benediktinern schwarz ist, ist sie bei uns weiß. Vom Schnitt her ist sie jedoch ähnlich, die Hauptmerkmale sind die Kapuze und die weiten Ärmel. Die Zisterzienserväter verstanden die Farbe Weiß als eine »eschatologische« Farbe, die auf den Himmel verweist. Es heißt nämlich in der Heiligen Schrift, dass die Heiligen »ihre Gewänder weiß gewaschen haben im Blut des Lammes.« (Offenbarung 7,14).

Chorgebet in der Bernardikapelle während der Wintermonat

Und tatsächlich verstehen wir unser Chorgebet als ein Hintreten vor die Engel und Heiligen, als eine Verbindung von uns Betern hier auf Erden mit den Vollendeten im Himmel. Diese Symbolik ist in unserm Chorgestühl eindrucksvoll ausgedrückt. Ein Chorgestühl ist der »Arbeitsplatz« der betenden Mönche und das Merkmal von Klosterkirchen. Auch in Kathedralen gibt es Chorgestühl, wo die Priester, die am Dom Dienst tun, zu manchem gemeinsamen Stundengebet zusammenkommen. Es besteht aus zwei Seiten, die einander gegenüberstehen. Die Mönche stehen in zwei Reihen und schauen sich gegenseitig an, mehr noch: Sie singen sich gegenseitig an. Dabei gibt es Gesänge, die von allen gemeinsam gesungen werden. Das meiste aber wird alternierend einmal von der linken, dann von der rechten Seite gesungen. Als ich als Jugendlicher zum ersten Mal beim Chorgebet war, hatte ich den Eindruck von einem Pingpong-Singen. Das wechselchörige Singen hat den Vorteil, dass man immer Pause

hat, wenn die andere Seite gerade dran ist. So wird es für die Stimme nicht zu anstrengend. Ähnlich wird es ja auch bei Volksgebeten gehalten, etwa beim Rosenkranz: Es ist viel anstrengender, den Rosenkranz allein durchzubeten, als ihn in Gemeinschaft zu beten, wo die Gebete auf zwei Gruppen aufgeteilt sind. Im Chorgestühl stehen oder sitzen wir, und zwar ebenfalls immer abwechselnd, auch das ist eine Hilfe, denn das Stehen kann sehr anstrengend sein, vor allem während der langen Vigilien am Morgen. Die Sitze sind einfache Klappen, die man herunterlässt, sobald man sich niederlässt. Es kann passieren, dass man die Sitzklappe nicht sanft genug hinunterklappt, dann schlägt sie mit einem störenden Krach auf. Daher kommt die Redewendung: »Halt die Klappe!«, wenn man jemanden bitten möchte, ruhig zu sein.

Nach welcher Ordnung stehen wir im Chorgestühl? Auf den ersten Eindruck ist es ein buntes Gemisch, da stehen oft Ältere neben Jüngeren, Größere neben Kleineren, Dünne neben Nicht-mehr-Schlanken ... Die Ordnung ist genau vorgegeben: Im Chorgestühl stehen wir gemäß unserem Eintrittsalter nebeneinander, aufgeteilt auf zwei Chorseiten. Der Kantor achtet aber natürlich darauf, dass beide Chorseiten ungefähr gleich stark sind, was die gesangliche Leistung betrifft, denn wir singen ja sehr unterschiedlich. Das Chorgestühl hat auch die Aufgabe, eine Ordnung in unser Stehen zu bringen, es bringt uns in eine Reihe. Wir stehen gemäß der »Seniorität«, wie es die Benediktsregel im Kapitel 63 äußerst klug festlegt: Nicht das Lebensalter entscheidet, nicht weltliche Würde und Ehre, die jemand in seinem Vorleben gehabt hat, sondern einzig die Rangordnung, die sich aus dem Zeitpunkt des Eintritts ergibt: »Wer zum Beispiel zur zweiten Stunde des

Tages gekommen ist, muss wissen, dass er jünger ist als jener, der zur ersten Stunde des Tages gekommen ist, welches Alter oder welche Stellung er auch haben mag.« (Regula Benedicti 63,8). Das oberste Ziel für das gemeinsame Gebet ist auch, dass keine Plätze zwischen uns frei sind. Es stört mich, wenn ich in anderen Klöstern erlebe, wie man dieses Prinzip der Gemeinschaftlichkeit nicht befolgt und dann irgendwer irgendwo steht. Wir sind ja eine geschlossene Gemeinschaft und wollen als solche vor Gott stehen. Wenn irgendwo ein Platz leer bleibt, weil ein Mitbruder am Gebet verhindert ist, dann schließen wir diese Lücken und rücken auf. Beim Chorgebet ist es auch für das Singen wichtig, so dicht wie möglich zusammenzustehen, um den anderen gut zu hören.

Schon als Jugendlicher, der damals mit keiner Faser daran gedacht hat, selbst einmal Mönch zu werden, hat mich unser Chorgestühl fasziniert. Wenn man übrigens von hinten den Reihen der betenden Mönche zusieht, hat man eine ganz andere Perspektive, als wenn man als Mönch selbst im Chorgestühl steht. Erst dann wird einem die »Theologie« bewusst, die Giovanni Giuliani mit diesem Meisterwerk ausdrückt. Er war ein bedeutender österreichischer Barockkünstler, der 1744 starb; da ein Großteil seines künstlerischen Schaffens dem Stift Heiligenkreuz galt, ist er auch in unserer Abteikirche begraben. Er gehörte auch zu uns, denn nach der Trennung von seiner Frau – leider in Form eines regelrechten Rosenkrieges – schloss er sich dem Kloster als »Familiare« an. Das Chorgestühl ist für uns sein wichtigstes Werk, denn hier haben wir täglich während der drei Stunden, in denen wir hier gemeinsam beten, anschaulich die Idee vor Augen, die hinter unserem Tun steckt. Giuliani erinnert uns daran,

dass sich beim Chorgebet Erde und Himmel verbinden. Auf der Erde, da sind wir, die Mönche. Beim Chorgebet stehen wir mit beiden Beinen auf dem Boden der Wirklichkeit; wir beten nicht, um in Trance oder Ekstase zu verfallen, dazu ist das Dahinrezitieren und Dahinsingen der Psalmen viel zu nüchtern konzipiert. Jeder von uns ist um Christi willen im Kloster und soll in der Nachfolge Christi immer mehr zu einem »zweiten Christus« umgestaltet werden. Daher findet sich über jeder Chorstalle ein Relief mit dem Leben Christi: von der Taufe Jesu über die Versuchung in der Wüste, dann über einzelne Wunder, schließlich die Leidensstationen und dann Auferstehung und Himmelfahrt, auf jeder Seite 14 Stallen, also insgesamt 28 Leben-Jesu-Szenen. Symbol auch für die Vielfältigkeit unserer Lebenssituationen, denn einmal weiß man sich mehr mit dem erfolgreich verkündigenden Herrn verbunden, dann wieder hat man vielleicht Ängste und Depressionen durchzustehen wie Jesus am Ölberg.

Hoch über uns Mönchen hat Giovanni Giuliani kleine Engelsputten und lange Reihen von Heiligenbüsten platziert. Die ekstatische Haltung der Engel ist auf den ersten Blick erstaunlich: die merkwürdige Haltung der Arme und andere leibliche Verrenkungen sind aber leicht zu erklären: Ursprünglich hatten diese Engel Musikinstrumente in den Händen, die im Laufe der Jahrhunderte durch Diebstahl oder Unachtsamkeit verschwunden sind. Ich erinnere mich noch an meine erste Führung durch das Stift Heiligenkreuz anlässlich einer Schulexkursion, wo ich als 15-Jähriger sehr beeindruckt war, als der junge Frater uns einen Engel zeigte, der wie Elvis Presley aussah, freilich ohne Gitarre, weil diese von Touristen gestohlen worden war. Die Symbolik des Chorge-

Das barocke Chorgestühl in der mittelalterlichen Abteikirche stühls besagt also: Wenn wir Mönche auf Erden singen, dann sind auch die Engel mit dabei. In der Benediktsregel findet sich der Hinweis auf das Psalmwort »Vor dem Angesicht der Engel will ich dir Psalmen singen« (Psalm 138,1), damit wir in der rechten inneren Haltung beten: vor dem Angesicht Gottes und seiner heiligen Engel (Regula Benedicti 19,6).

Giuliani hat über den instrumentenlos musizierenden Engel noch die eindrucksvollen Büsten von verschiedenen Heiligen gesetzt. Es handelt sich um Mönche, Einsiedler, Fürsten, Bischöfe und Päpste; vermutlich alles Heilige des Zisterzienserordens. Alle haben sie den Mund offen, einige schielen sogar mit offenem Mund und verklärtem Gesichtsaudruck nach oben ... Das bedeutet: Wenn wir hier auf Erden das Chorgebet halten, dann verbinden wir uns mit der »vollendeten Kirche«, mit den Heiligen, die schon am ewigen Lobpreis Gottes teilnehmen. Es gibt also nicht nur die Dimension der Gemeinschaft untereinander, sondern auch die Dimension einer Verbindung mit den Engeln und Heiligen, die im gemeinsamen Gesang mitschwingt. In unserem täglichen Gebet ereignet sich das Unfassliche, das in der Präfation zum Vierten Hochgebet so ausgedrückt wird: »Durch unseren Mund rühmen dich alle Geschöpfe und künden voll Freude das Lob deiner Herrlichkeit.«

Wenn wir also zum Chorgebet zusammenstehen, dann ist es eine erklärte Absicht der Riten unseres Ordens, dass wir sichtbar als Gemeinschaft agieren, dass wir ein Klangkörper und ein Handlungskörper werden. Schon die einheitlichen weißen Kukullen verweisen auf dieses Miteinander; Mitbrüder, die noch keine Kukulle tragen dürfen, weil sie erst Novizen oder Zeitliche Professen sind, tragen einen weißen

Umhang mit Kapuze, um sie auch dem Gesamtbild einzufügen. Für Individualismus ist hier kein Platz, weder beim Singen noch bei den Bewegungen. Wir sind das Abbild der Kirche, die geeint ist in der Anbetung Gottes. Wir sind eine Kampfansage gegen den Terror des Egoismus! Wir beten als ein Ganzes, das aus der Verschiedenheit der Einzelnen geeint ist. Das Ziel ist die Harmonie: Der einzelne Mönch soll in den Rhythmus der anderen einschwingen, er darf sich als Teil der Gemeinschaft, als Teil der Kirche, als Teil der Ewigkeit fühlen. Natürlich zeigen die Riten, die wir beim Chorgebet einhalten, zugleich symbolisch die Struktur unserer Gemeinschaft: denn wir stehen immer unter der Leitung des Abtes. Das zeigt sich daran, dass er – oder im Falle seiner Abwesenheit der Prior – das Zeichen zum Beginn des Gebetes gibt: Der Abt klopft dabei zweimal kurz auf das Holz des Chorgestühles. Mit diesem »Startschuss« geht es los. Und die Führungsrolle des Abtes zeigt sich auch daran, dass er bei Vigilien, Laudes und Vesper das Vaterunser vorbetet.

3. Aus den Quellen schöpfen

Der Ruf Gottes

»Warum sind Sie eigentlich im Kloster? Warum sind Sie Mönch?« Diese Frage hören wir oft. Sie ist eigentlich die logische Folge der Faszination, die eine Begegnung mit dem klösterlichen Leben auslöst. Und sei es nur die Teilnahme an einer Führung durch einen Mitbruder oder die Teilnahme am Chorgebet. Bei den ab und zu aufflackernden Debatten in der Öffentlichkeit über den Zölibat habe ich oft das Gefühl, dass die Menschen die Vorstellung haben, als wären wir Priester und Ordensleute von irgendwelchen »Schergen des Vatikans« in diese unverständliche Lebensform hineingeschleppt worden. Als würden wir ganz gegen unseren Willen plötzlich arm, ehelos und gehorsam leben. Dieses Vorurteil verpufft ins Nichts, sobald die Menschen einem Ordenschristen begegnen, dem sie wirklich anmerken, dass es seine Freude und seine Berufung ist, mit Gott auf Du und Du zu leben. Mir selber ist es ja genauso gegangen. Als ich das erste Mal mit 17 Jahren zu Besuch ins Kloster kam, war ich vollgepumpt mit Vorurteilen. Und dann begegnete ich Mönchen, die ganz normale, fröhliche und offene Menschen sind. Mich wundert es daher gar nicht, dass man uns so oft die Frage stellt: »Warum sind Sie eigentlich im Kloster?« Ja, warum eigentlich?

Der Begriff, der alles erklärt, lautet »Berufung«. Priester, Ordensmann oder Ordensfrau ist kein Beruf, sondern eine Berufung. Und jede Berufung ist ein Geheimnis. Nicht nur für Außenstehende, sondern auch für mich selbst bleibt es immer unfassbar, dass Gott mich in dieser Lebensform haben wollte. Und vor allem: dass ich in dieser Lebensform so glücklich bin wie ein Fisch im Wasser. Als Jugendlicher hätte ich mir selber nie vorstellen können, dass ich einmal Priester und Mönch werde. Absurd. Was dann geschah, ist etwas sehr Persönliches, sehr Intimes, das tatsächlich auch heute, nach drei Jahrzehnten im Kloster, jede logische Argumentierbarkeit übersteigt.

Was ist eine »Berufung« und wie geschieht sie? Unter »Berufung« verstehen wir einen inneren Ruf Gottes in die Lebensform als Diakon, Priester, Ordensfrau oder Ordensmann. Das ist ein Standardbegriff in der Kirche: Man spricht davon, dass es in diesem oder jenem Kloster viele oder wenige »Berufungen« gibt. Dass es sich dabei um ein Geheimnis handelt, zeigt sich ganz einfach schon daran, dass manche Klöster fast leer sind, weil sie so wenige Berufungen haben. Andere Klöster – wie etwa unser Stift Heiligenkreuz – quellen regelrecht über, weil sich in den letzten Jahren so viele für den Eintritt entschieden haben. Es gibt keine Rezepte und Strategien, wie man »Berufungen« anziehen kann. Heutzutage ist jede Berufung regelrecht ein Wunder. Keiner von uns wurde als Mönch geboren, die meisten von uns haben originelle Vorgeschichten: die meisten haben schon ein Studium hinter sich oder waren berufstätig; da gibt es Kunstwissenschaftler und Wirtschaftswissenschaftler, Diplommusiker und Biologen, Geographen und Diplomingenieure. Aber es gibt auch noch die ganz Jungen, unter den Novizen sind immer wieder auch 19-jährige Gymnasiasten. Einige waren schon »fast« verheiratet, die meisten zumindest schon mal kräftig verliebt ... Und das ist ganz gut so. Es ist immer ein Rätsel, warum Gott diesen oder jenen im Kloster haben will. Berufungen sind menschlich nicht machbar, sie sind niemals das Produkt psychologischer Überredungskunst oder ausgeklügelter Werbemaßnahmen. Wir glauben, dass jede Berufung ein unmittelbares Gnadengeschenk Gottes ist, ein unbegründbarer Ruf, der sich direkt an das Herz des oder der Berufenen richtet.

Und jede Berufung hat etwas mit dem Wesentlichen des Christentums zu tun. Denn wir glauben ja, dass unser Gott so ist, dass er sich nicht vor uns Geschöpfen versteckt, sondern dass er auf uns zukommt. Er will uns nahe sein, er nähert sich uns, er tritt in unsere Geschichte ein. Wenn man die Bibel liest, so ist man erstaunt, wie viele abenteuerliche Geschichten das Alte Testament schildert, in denen der Mensch von Gott getroffen wird. Es handelt sich um den Anfang der Liebesgeschichte Gottes mit uns Menschen, wo Gott durch sein Wort in die Geschichte Israels hineinspricht. Wo Gott sich offenbart, da setzt ein Ringen ein zwischen Gut und Böse, zwischen seiner Liebe und unserer Sünde. Der christliche Glaube ist davon überzeugt, dass Gott nicht ein stummes und schweigendes Rätsel in unergründlicher Ferne ist, das wir Endlichen uns mit unserer religiösen Fantasie erdenken müssen. Das ist auch einer der fundamentalen Unterschiede zu den anderen Religionen: Nicht wir müssen Gott suchen, sondern er hat uns schon gesucht – und gefunden! Er ist von sich aus auf uns zugegangen, in der Geschichte Israels und dann zutiefst in Jesus Christus, wo er selbst auf die Seite von uns Menschen getreten ist. Und diese Heilsgeschichte setzt sich fort. Auch heute ist Gott nicht stumm und verborgen, sondern er geht auf den Menschen zu.

Jeder »Berufene« durfte dieses konkrete Eingreifen Gottes an sich erleben. Jeder von uns ist durch seine Lebensform ein Zeuge für die lebensverändernde Wirkmacht Gottes. Jeder von uns ist durch sein Aussteigertum ein Bürge dafür, dass unser Gott ein begegnender, menschennaher, geschichtsmächtiger Gott ist. Ich verstehe, ehrlich gesagt, den regelrechten Kampf, der gegen den Zölibat und das gottgeweihte Leben heute ausgefochten wird, nicht. Offensichtlich können wir nicht gut vermitteln, dass es uns gut geht in unserer Freiheit, die wir für Gott haben. Natürlich versäumen wir etwas, aber uns wird hundertfach etwas anderes geschenkt. Jesus hat unserer Lebensform eine tolle Verheißung mitgegeben, die sich schon auf das irdische Leben bezieht und dann erst recht auf das ewige: »Amen, ich sage euch: Jeder, der um des Reiches Gottes willen Haus oder Frau, Brüder, Eltern oder Kinder verlassen hat, wird dafür schon in dieser Zeit das Vielfache erhalten und in der kommenden Welt das ewige Leben.« (Lukas 18,29f.). Schon in dieser Zeit erhalten wir Vielfaches, Wunderbares, Erfüllendes. Es tut mir Leid, wenn Priester den Zölibat schlecht leben, und wenn einige

von uns Frust verbreiten. Ich möchte das Gegenteil. Kardinal Schönborn hat in einem Interview auf die Frage: »Soll man etwas am Zölibat ändern?«, geantwortet: »Ja!« Als dann der Journalist verwundert schaute, setzte der Kardinal fort: »Man soll ihn besser leben.« Wir haben Gott erfahren, er ist uns begegnet, und zwar sogar so, dass er uns aus der Bahn geworfen hat. Der Verzicht auf so viel irdische Lebensqualität, auf freie Berufsentscheidung, auf schöne Reisen und die Annehmlichkeit eines selbstgestalteten Lebens hat nur dann Sinn, wenn unser Leben auf Gott zugeordnet ist. Wir leben als Mönche »*propter regnum caelorum*«, »um des Himmelreiches willen« (Matthäus 19,12).

Wenn es Gott nicht gäbe, dann würden wir sehr viel Schönes vom Leben sinnlos versäumen. Aber es gibt ihn. Und so bezeugen wir seine Existenz. Deshalb bin ich überzeugt, dass es nie ein Erlöschen der Berufungen geben wird. Was wir hier in Heiligenkreuz zur Zeit erleben, ist, dass Gott sich gerade in einer schwierigen Situation für die Kirche auf die abenteuerlichste Weise Menschen ruft, die er dann für sich so begeistert, dass sie diese Begeisterung auch in die Zukunft tragen werden. Niemand von uns Mönchen hätte sich wohl als Jugendlicher vorstellen können, dass er einmal als Ordensbruder leben wird; und dass er in dieser extremen Lebensform auch noch glücklich sein kann. All das ist nur möglich, weil Gott uns »von Angesicht zu Angesicht« begegnet ist.

Jugendlichen, die nach unserer Berufung fragen, lese ich gerne eine Erzählung aus der berühmten Sammlung über die Chassidim von Martin Buber vor: »Ein Mann kam zu Rabbi Mendel und bat, ihm zu bestätigen, dass er zum *Rabbi* berufen sei: Er fühle sich auf dieser Stufe angelangt und fähig, Segen über Israel zu gießen. Der Rabbi sah ihn eine Weile schweigend an. »Mich«, erzählte er dann, »pflegte in der Jugend um jede Mitternacht die Stimme eines Mannes mit dem Ruf zu wecken: ›Mendel, steh auf, die Mitternachtsklage zu verrichten!‹ Die Stimme war mir schon ganz vertraut geworden. Aber eines Nachts geschah es, da kam ein anderer Ruf: ›*Rabbi* Mendel‹, so sprach es plötzlich, ›steh auf, die Mitternachtsklage zu verrichten!‹ Als mich die Stimme mit ›*Rabbi* Mendel‹ ansprach, da erfasste mich der Schrecken, ich zitterte bis zum Morgen und noch tagsüber peinigte mich der Schrecken. ›Vielleicht habe ich falsch gehört‹, beschwichtigte ich mein Herz. Aber in der nächsten Nacht sprach er wieder: ›*Rabbi* Mendel!‹ Von da an kasteite ich mich vierzig Tage lang und betete unablässig, dass es von mir genommen werde. Aber das Tor des Himmels blieb mir verschlossen, und die Stimme ließ nicht ab. Da ergab ich mich drein.«

Eine andere berühmte Erzählung über die Erhabenheit und das Unvermutete einer Berufung durch Gott steht in der Bibel: »Samuel schlief im Tempel des Herrn, wo die Lade Gottes stand. Da rief der Herr den Samuel, und Samuel antwortete: Hier bin ich. Dann lief er zu Eli und sagte: Hier bin ich, du hast mich gerufen. Eli erwiderte: Ich habe dich nicht gerufen. Geh wieder schlafen! Da ging er und legte sich wieder schlafen. Der Herr rief noch einmal: Samuel! Samuel stand auf und ging zu Eli und sagte: Hier bin ich, du hast mich gerufen. Eli erwiderte: Ich habe dich nicht gerufen, mein Sohn. Geh wieder schlafen! Samuel kannte den Herrn noch nicht, und das Wort des Herrn war ihm noch nicht offenbart worden. Da rief der Herr den Samuel wieder, zum dritten Mal. Er stand auf und ging zu Eli und sagte: Hier bin ich, du hast mich gerufen. Da merkte Eli, dass der Herr den Knaben gerufen hatte. Eli sagte zu Samuel: Geh, leg dich schlafen! Wenn er dich (wieder) ruft, dann antworte: Rede, Herr; denn dein Diener hört. Samuel ging und legte sich an seinem Platz nieder. Da kam der Herr, trat (zu ihm) heran und rief wie die vorigen Male: Samuel, Samuel! Und Samuel antwortete: Rede, denn dein Diener hört. Samuel wuchs heran, und der Herr war mit ihm und ließ keines von all seinen Worten unerfüllt.« (1 Samuel 3,2b-10.19).

Die freie Antwort

Der christliche Glaube ist davon überzeugt, dass Gott immer unsere Freiheit respektiert. Die Heilsgeschichte lehrt uns auf der einen Seite, dass Gott tatsächlich von sich aus alles tut, um uns das Heil zu schenken. »Gott will, dass alle Menschen gerettet werden«, heißt es in der Heiligen Schrift (1 Timotheus 2,4). Zugleich aber handelt Gott nie ohne uns und nie gegen uns. Gott will unsere freie Mitarbeit. Die Erlösung des Menschen wirkt Gott nur unter Mitwirkung der Freiheit des Menschen. Gott verzichtet auf eine Demonstration seiner Allmacht und Übermacht, und lädt den Menschen ein, mit ihm zusammenzuarbeiten. Eindrucksvoll wird das am Beginn der neutestamentlichen Heilsgeschichte geschildert, also dort, wo es um die Menschwerdung Gottes geht. Gott spricht dort gleichsam dezent einen sterblichen Menschen, eine Tochter Israels an, nämlich Maria von Nazareth. Der Evangelist Lukas hat dieses werbende Herantreten Gottes an Maria »spannend« geschildert (Lukas 1,26-38). Das Verhältnis von Gott und Mensch ist ja immer prickelnd spannend, weil Gott uns Menschen niemals zur Marionette degradiert. Unser Ordensvater Bernhard von Clairvaux hat die Spannung bei der Verkündigung des Herrn auf geniale Weise ausgeschmückt. Er kommentiert das Warten der erlösungsbedürftigen Schöpfung auf das freie Ja Mariens wie ein Sportjournalist. Es ist die Spannung vor dem wichtigsten Elfmeter der Menschheitsgeschichte. Und Maria gibt die richtige Antwort, frei sagt sie: »Mir geschehe!«, auf lateinisch »Fiat!«

Und so ist es auch bei uns Mönchen. Wir spüren eine innere Einladung Gottes, doch Gott lässt uns immer den Freiraum, mit Ja oder Nein zu antworten. Alles andere wäre seiner und unser unwürdig. Pater Pirmin, unser Gastmeister, der sehr fesch ausschaut und daher besonders oft gefragt wird, warum er denn im Kloster sei, sagt immer: »Der Schlüssel steckt in meinem Zimmer innen.« Das heißt: Was mich hält, ist meine eigene Entscheidung. Kein Oberer, kein Abt, keine äußeren Zwänge, keine enttäuschte Liebe oder sonst etwas könnten uns zwingen. Es ist alles freie Entscheidung, zu der wir nur deshalb treu stehen können, weil uns das klösterliche Leben jeden Tag neu etwas von der Faszination des Göttlichen vermittelt. Wir Mönche fühlen uns schon durch unsere Lebensform mit Maria verbunden, denn auch wir fühlen uns vom Herrn gefragt. Und wir haben unser »Fiat« gesprochen, das tun wir in den Gelübden, lateinisch »Profess«, die wir feierlich ablegen.

Bei den vielen jungen Männern, die in den letzten Jahren bei uns eingetreten sind, lassen sich zwei Grundmuster unterscheiden, wie sie ihre Entscheidung treffen, in Heiligenkreuz einzutreten. Da sind die einen, die bereits wissen, dass sie Priester oder Ordensmann werden sollen und die konkret suchen. An ihnen ist bereits so etwas wie Berufung geschehen, sie müssen »nur« noch die Antwort auf die Frage finden, wo und wie sie ihrer Berufung folgen sollen. Das sind Menschen, die sich oft viele andere Klöster und Ordensgemeinschaften anschauen und dann an Heiligenkreuz »hängen« bleiben, weil sie spüren: »Das ist es!« Wer Zisterzienser von Heiligenkreuz ist, der kann als Mönch in einer bunten Palette von Aufgaben eingesetzt werden: Pfarrer, Professor, Religionslehrer, Jugendseelsorger, Ökonom, Bibliothekar, Historiker, ja er kann sogar als Künstler wirken und vieles andere mehr! Aber das steht am Anfang nie im Vordergrund, sondern die Frage, ob man den heiligen Rhythmus von Gebet und Arbeit bejaht; ob man sich berufen weiß, täglich über drei Stunden lang Gott beim Chorgebet die Ehre zu geben. Für die meisten ist das die entscheidende Frage, und dann entscheiden sie sich für oder gegen ihren Eintritt in Heiligenkreuz.

Die zweite Kategorie von Männern, die bei uns eintreten, sind solche, die noch gar keine Ahnung davon haben, dass Gott sie überhaupt berufen will. Wir haben in den letzten Jahren eine breite Jugendseelsorge mit verschiedenen Angeboten entwickelt. Einfach um jungen Menschen die Möglichkeit zu geben, in der geistlichen Atmosphäre des Klosters beten und glauben und Gott lieben zu lernen. Die Jugendseelsorge ist nicht gedacht zur Rekrutierung von Ordensnachwuchs, denn Berufungen sind ja allein Sache Gottes. Aber natürlich ist es für das Hören des inneren Rufes wichtig, dass man das

Klosterleben auch kennt. Einige sind bei uns eingetreten, die einfach mal zu der monatlichen Gebetsveranstaltung »Jugendvigil« kamen, weil sie von anderen dazu eingeladen wurden. Dieses Jugendgebet hat die Wirkung, dass es Schwellenangst abbaut, denn wer würde sich einfach so trauen, mit Mönchen Kontakt aufzunehmen? Oder gar ein paar Tage im Kloster zu verbringen? Wir bieten nämlich für junge Männer die Möglichkeit zu »Kloster auf Zeit«, einem unverbindlichen Mitleben inmitten unserer Gemeinschaft für etwa eine Woche. Es gibt eine Fülle von Angeboten für junge Männer, von den niederschwelligen Geistlichen Sportwochen bis hin zur Teilnahme an unserer Liturgie in der Karwoche. Es geht uns darum, den jungen Leuten die Chance zu geben, von Gott gesagt zu bekommen, was sie aus ihrem Leben machen sollen.

Und Gott nutzt diese Chance offensichtlich ganz souverän nach seinen Vorstellungen, die nicht unsere sind. Als im Jahr 2006 gleich sieben junge Männer eingekleidet wurden, war das eine sensationelle Meldung in der Presse, denn so viele Berufungen haben manche Gemeinschaften über Jahre hindurch nicht. Doch meine persönlich größte Freude in diesem Jahr war, dass ich 2006 als Jugendseelsorger ebenso viele Hochzeiten halten durfte: Trauungen von Paaren, die sich über Heiligenkreuz kennengelernt hatten oder die hier bei den Jugendveranstaltungen ihre Beziehung reifen lassen konnten, sodass dann schließlich die Entscheidung zur Ehe fiel. Ich habe in der numerischen Parallele – sieben Hochzeiten und sieben Ordenseintritte – schon eine Bestätigung des Himmels dafür gesehen, dass wir unsere Jugendseelsorge richtig machen, dass wir die zu uns Kommenden nicht in Richtung Ordenseintritt überreden, sondern wirklich respektieren, was Gott in seiner Souveränität mit diesem und jenem vorhat.

Viele Männer, die zu uns kommen und unser Gebet, unsere Liturgie, unseren Gesang und auch unser Bemühen um freundliche Aufnahme erleben, erleben eine gewisse Faszination. Einige werden aber zuerst einmal abgestoßen. Ich erinnere mich an einen Mitbruder, der als typischer ausgeflippter Jugendlicher zu uns gekommen ist. Die Löcher für seine Nasenringe sieht man noch heute, wenn man es weiß. Er war von einem frommen Freund mitgenommen worden und wurde dann vom Zeremoniär gleich zum Dienst in einer sehr langen Liturgie eingeteilt. Unvergesslich ist mir die Verabschiedung, denn ich glaubte, in den Augen des Jugendlichen den Ausdruck tiefsten Abscheus über unser langes lateinisches Gebet lesen zu können. Ich dachte mir: »Schade, den sehe ich wohl nicht wieder!« Das Gegenteil war der Fall, ein paar Monate später stand er vor der Klosterpforte. Welche Überraschung: Er kam, um in der Osterliturgie zu ministrieren. Und im selben Sommer ist er bei uns eingetreten, nachdem er noch die Sache mit seiner Freundin klären konnte. Heute ist er ein besonders frommer und innerlicher Mitbruder, bei dem niemand eine solche Vorgeschichte vermuten würde und dessen Namen ich hier sehr bewusst nicht preisgebe.

Wenn jemand als Gast im Kloster mitlebt, dann muss er sich auf eine innere Unruhe gefasst machen. Denn jeder Besuch in einem Kloster gibt einem automatisch eine Frage mit auf den Weg: »Was will Gott von dir in deinem Leben?« Bei vielen dauert es Jahre, bis sie die Antwort gefunden haben.

Sie kommen immer wieder, sie sind über E-Mail und über die Neuigkeiten auf der Homepage, die sie aufsaugen, mit dem Kloster verbunden. Sie sind schon verliebt, aber brauchen noch Zeit, um den Sprung zu wagen. Das Ringen um die Antwort, um das »Fiat« ist sehr schwierig. Ich erinnere mich noch an meine Verwirrung, wie ich plötzlich wahrgenommen habe, dass Gott mich als Zisterzienser in Heiligenkreuz »fand«. Eine Mischung aus Begeisterung und abgrundtiefem Erschrecken, ich war nahe an der Panik, wenn ich an die Konsequenzen dachte. Und auch als ich die Entscheidung getroffen hatte, ins Kloster einzutreten, blieb über Monate ein mulmiges Gefühl im Bauch: Wie wenn man ohne Fallschirm aus einem Flugzeug aussteigt und sich nun im freien Fall befindet. Mein Beichtvater hat mir damals geholfen mit dem Wort: »Wer fliegen will, der muss nun einmal aussteigen! Aber tiefer als in die Hände Gottes können wir nicht fallen.« Ich kann heute aus der Retrospektive bestätigen, dass man diese tragenden Hände Gottes wirklich erlebt.

Es ist gut, wenn man gründlich überlegt. Aber es ist schlecht, wenn man nie eine Entscheidung trifft. Als Jugendseelsorger erlebe ich bei den jungen Leuten auch oft ein ewiges Zaudern, wenn es um die Entscheidung zur Ehe geht: Da ist man eigentlich innerlich schon ganz zusammen, doch es ist dann nochmals eine wirkliche seelische Herausforderung, öffentlich und ohne Möglichkeit zum Rückzieher ganz »Ja« zu sagen. Unser Abt Maximilian hat bei einer Jugendvigil einmal sehr eindrucksvoll über das Angenagelt-Sein Jesu am Kreuz gepredigt: »Seine Entscheidung zur Liebe hat Jesus in diese ausweglose Situation gebracht. Da hängt er jetzt und kann sich äußerlich nicht rühren. Aber innerlich ist Jesus ge-

rade darin, dass er mit ausgebreiteten Händen angenagelt ist, der freieste Mensch. Weil er sich von seiner Liebe zu den Menschen hat annageln lassen.« Und Papst Johannes Paul II. hat einmal die eindrucksvolle Formulierung verwendet: »Man kann nicht auf Probe lieben!« Die Liebe fordert immer das Ganze, sie fordert damit auch eine Entscheidung, sie ruft immer nach Bindung. Die innere Klarheit zu einem »Ja« ist ein sehr großes übernatürliches Geschenk Gottes. Als Priester habe ich mit sehr vielen Männern und Frauen zu tun, die um dieses Ja ringen. Wer »Ja« sagt, der mag zwar das Gefühl haben, dass ihm der feste Boden unter den Füßen weggezogen wird. Doch von diesem Augenblick kann er sicher sein, dass er von Gottes Hand getragen wird. Ist einmal die innere Entscheidung getroffen, dann ist die wichtigste Hürde genommen.

Die Stufen des Ordenslebens

Die Kirche hat in ihrer Weisheit festgelegt, dass es bei der Eingliederung in das Ordensleben Phasen der freien Prüfung und Überlegung gibt: Kandidatur, Noviziat, Zeitliche Profess – und erst nach einigen Jahren die endgültige Bindung durch die Feierliche Profess »bis zum Tod«. Wer einmal »Ja« gesagt hat, der hat Zeit, um dieses Ja zu prüfen und zu konkretisieren: ein ganzes Leben lang. Das möchte ich kurz schildern.

Ein Mann, der erkennt, dass er von Gott zum Mönch berufen ist, kann darum bitten, ins Noviziat von Heiligenkreuz aufgenommen zu werden. Das Mindestalter für den Eintritt beträgt 18 Jahre. Freilich kommt heute niemand mehr so jung, die meisten sind Mitte Zwanzig bis Mitte Dreißig. Der Kandidat, der um Aufnahme bittet, muss die Matura (Abitur) abgelegt oder eine fachliche Ausbildung abgeschlossen haben. Lateinkenntnisse sind wünschenswert, auf jeden Fall muss das Latein spätestens in der Zeit der Kandidatur, im Noviziat und dann im Studium erlernt werden. Die Mitbrüder stimmen auf Vorschlag des Abtes darüber ab, ob ein Bewerber in das Noviziat aufgenommen wird. Die Feier der Einkleidung findet meist um das Patronatsfest, der Aufnahme Marias in den Himmel am 15. August, statt und ist kurz und eindrucksvoll: Die Kandidaten werden in ziviler Kleidung vor den Abt geführt und werfen sich ausgestreckt vor ihm zu Boden. Der Abt, der an der Stufe des Altarraumes sitzt und den Hirtenstab trägt, fragt die vor ihm liegenden Bewerber: »Was begehrt ihr?« Diese antworten liegend: »Die Barmherzigkeit Gottes und des Ordens.« Darauf der Abt: »Steht auf im Namen des Herrn!« Nach einer ermunternden Ansprache knien die Kandidaten der Reihe nach vor dem Abt nieder, der ihnen das Jackett auszieht und dazu sagt: »Ausziehe dir der Herr den alten Menschen mit seinen Taten.« Es geht um eine neue Existenzform, darum sagt der Abt, wenn er das Ordensgewand überstreift: »Anziehe dir der Herr den neuen Menschen, der nach Gott geschaffen ist in wahrer Gerechtigkeit und Heiligkeit.« Sie erhalten nicht sofort die schwarzweißen Gewänder der Zisterzienser, sondern sie tragen ein rein weißes Gewand. Das Wort Novize kommt von »*novus*«, »neu«. Ein »*novicius*« ist ein »Neuling«. Bei der Einkleidung erhält jeder Novize vom Herrn Abt einen neuen Namen, denn es geht um einen Neubeginn in jeder Hinsicht.

Ich verbinde mit meiner Einkleidung ein lustiges Erlebnis, denn ich war als Jugendlicher immer ein »Anzugsmuffel«. Schon im Alter der Firmung, mit zwölf Jahren, war ich ziemlich hochgeschossen und verwendete deshalb meinen Firmanzug dann später gleich für Tanzschule und Maturafeier. Der Ruf Gottes ereilte mich dann schon sehr früh, und am 31. Jänner 1982 war meine Einkleidung, kurz vor meinem 19. Geburtstag. Meine Eltern, Geschwister, Freunde und Verwandten waren gekommen und standen dicht gedrängt in der Bernardikapelle, als ich mich vor Abt Franz Gaumannmüller auf den Boden warf, um die Barmherzigkeit Gottes und des Ordens zu erbitten. Als Anzug trug ich den einzigen, den ich hatte, den von der Firmung. Doch als ich mich niederkniete und auf dem Boden ausstreckte, machte es »ratsch« in meiner Hose, die mir doch ein wenig zu eng geworden war. Und zwar gerade an der prekären Stelle, am Gesäß. Vor Schreck wäre mir fast nicht die Antwort eingefallen, als Abt Franz mit sonorer Stimme fragte: »Was begehrst du?« Dann stotterte ich, am Boden liegend, das »Die Barmherzigkeit Gottes und des Ordens« aber doch, und schon hieß es: »Steh auf im Namen des Herrn!« Da musste ich nun vor dem Abt stehen, der eine ziemlich ernste und ermahnende Ansprache an mich, den 192 cm großen Jüngling mit dem viel zu kleinen Firmanzug, hielt. Ehrlich gesagt habe ich kein Wort mitbekommen, weil ich durch das »Ratsch« in der Hose völlig blockiert war: Ich wusste ja nicht, ob die Leute hinter mir vielleicht etwas sehen, was sie nicht sehen sollten. Ich überlegte mir, welche Farbe meine Unterhose hatte und ähnlich unfromme Dinge … Im Nachhinein stellte sich die Sache als harmlos heraus: Es war zwar ein langer Riss im Hosenboden, aber der war niemandem aufgefallen; ja nicht einmal das »Ratsch« hatte irgendwer von den Mitbrüdern und den Leuten gehört. Etwas anderes jedoch war schon aufgefallen, dass nämlich auf den Sohlen meiner Schuhe, wie man sehr deutlich sehen konnte, als ich ausgestreckt vor dem Abt am Boden lag, in dicker Schrift »Papa« stand. Das war mir natürlich nachträglich peinlich, als ich gefragt wurde, was das »Papa« auf den Schuhsohlen zu bedeuten hatte. Des Rätsels Lösung war sehr einfach: Da ich dieselbe Schuhgröße wie mein Vater hatte, und manchmal auch denselben Typ von Schuhen wie er, hatte ich die Schuhe an der Sohle beschrieben und dann doch irrtümlich die Schuhe meines Vaters für die Einkleidung ins Kloster mitgenommen. Aber nicht nur die zerrissene Firmhose und die Papa-Schuhe machen mir den Tag meiner Einkleidung unvergesslich. Es ist eine echte Zäsur, ein Einschnitt. Ein neues Leben beginnt. Freilich: Das Noviziat ist nur eine Probezeit. Wenn ein Novize sieht, dass sein Weg zu Gott ein anderer ist, kann er zu jedem Zeitpunkt das Noviziat beenden und das Kloster verlassen.

Am Ende dieses einjährigen Noviziats kann der Novize um Zulassung zu den Gelübden auf drei Jahre ansuchen. Der Fachausdruck für diese Gelübdeablegung lautet »Zeitliche Profess«, vom lateinischen *»profiteri, professus sum«*, das heißt »versprechen, geloben«. »Zeitlich« werden diese Gelübde deshalb genannt, weil sie begrenzt sind: nach Ablauf der drei Jahre wäre der Mönch wieder frei zu gehen, wenn er erkennt, dass dies nicht sein Weg ist. Ein Leben lang Mönch zu sein, ist etwas so Außergewöhnliches, dass es einer guten Prüfung bedarf. Wieder stimmt die Gemeinschaft über die Zulassung ab. Mit der Zeitlichen Profess beginnt sozusagen »der Ernst des Lebens«: Im Noviziat haben die Novizen das Klosterleben in allen Facetten kennengelernt, hatten viel Zeit für das Lesen, für das Beten und für diverse kleine Arbeiten im klösterlichen Ambiente. Nach der Zeitlichen Profess beginnt der junge Mönch mit einer entsprechenden Ausbildung, bei den meisten ist das das Theologiestudium an der eigenen Hochschule Heiligenkreuz. Das Studium ist unbedingt notwendig für diejenigen, die nicht nur Mönch, sondern auch Priester werden wollen. Die Berufung zum Priestertum ist nicht dasselbe wie die Berufung zum Mönchtum, hier muss man klar unterscheiden. Und manche, die durchaus die Fähigkeit hätten, ein volles Theologiestudium zu absolvieren, wollen lieber nur Mönch sein. Wir nennen sie »Chormönche«; sie erhalten wichtige Aufgaben wie etwa die Pflege der Kranken, die Betreuung der Gäste oder Aufgaben im technischen, handwerklichen oder künstlerischen Bereich. Wer Priester werden will, der muss freilich 10 Semester studieren, »neben« dem intensiven klösterlichen Leben, und zusätzlich zu allem bekommt er noch einen Dienst, ein »Officium« im Kloster zugewiesen. Das kann insgesamt sehr anstrengend sein.

Hat ein angehender Mönch nach Kandidatur, Noviziat und Zeitlicher Profess Erfahrungen im klösterlichen Leben gesammelt und Sicherheit über seine Berufung gewonnen, so kann er um die Ablegung der Ewigen Gelübde, der sogenannten »Feierlichen Profess«, ansuchen. Wieder wird über ihn abgestimmt. Die Feierliche Profess ist die endgültige Bindung an Gott in der Lebensform als Mönch; sie ist in gewisser Weise dem ähnlich, was im menschlichen Bereich die »Hochzeit« ist: eine definitive Bindung, ein Ja-Sagen ohne Widerruf. Zwar ist die Profess kein Sakrament, aber sie hat sakramentalen Charakter. Und sie hat kirchenrechtliche Konsequenzen: Ein Mönch ist zum Gehorsam (lateinisch *»oboedientia«*) gegenüber seinem Abt verpflichtet. Er gelobt die Beständigkeit (lateinisch *»stabilitas«*) im klösterlichen Lebenswandel *»usque ad mortem«,* »bis zum Tod«. Diese *»stabilitas«* bedeutet konkret, dass er der von ihm gewählten Gemeinschaft mit ihren Aufgabenbereichen ein Leben lang treu bleiben möchte. Er kann nicht einfach in ein anderes Kloster wechseln, sondern er bindet sich an den konkreten Ort, an das Stift Heiligenkreuz. Der moderne zisterziensische Schriftsteller Thomas Merton († 1968) meint es doppeldeutig, wenn er formuliert: »... wer aufhört zu reisen – der ist angekommen!«

Man hat also bis zur Ablegung der Feierlichen Profess, durchschnittlich fünf Jahre, um eine endgültige Entscheidung zu treffen. Für die angehenden Priester erfolgt nach Abschluss des Studiums die Diakonen- und Priesterweihe. Danach erwarten die jungen Mitbrüder zahlreiche Herausforderungen in den uns anvertrauten Pfarren und Seelsorgebereichen.

Leben nach der Regel des heiligen Benedikt

Wer »Ja« zu seiner Berufung sagt, der sagt »Ja« zu einer konkreten Lebensform. Wir sind Zisterzienser, wir leben nach der Regel des heiligen Benedikt. Diese Benediktsregel formt unsere Hingabe an Gott zu einem konkreten Lebensstil. Bei der Gelübdeablegung sagen wir daher ausdrücklich, dass wir *»secundum regulam Sancti Benedicti abbatis«,*

»nach der Regel des heiligen Abtes Benedikt« leben wollen. Man kann Christus ja nicht »abstrakt« nachfolgen, sondern man muss es in eine konkrete Lebensform umsetzen.

Jedes Kloster, jede Gemeinschaft ist anders. Wir Zisterzienser im Stift Heiligenkreuz sind »Mönche«, aber das ist auch ein noch sehr abstrakter Überbegriff; es gibt zwar eine großmaschige Einheitlichkeit durch die Benediktsregel und die konkreten Bestimmungen des Ordens, aber trotzdem hat jedes Kloster einen anderen Lebensstil. Und dazu kommen auch noch regionale und geschichtliche Unterschiede. So haben beispielsweise unsere österreichischen Zisterzienserklöster, die ja in ihrer vielhundertjährigen Geschichte niemals aufgehoben wurden, im Laufe der Zeit auch begonnen, die Seelsorge in umliegenden Pfarreien zu übernehmen. Viele meiner Mitbrüder leben als Pfarrer außerhalb des Klosters, natürlich können die nicht täglich um fünf Uhr Chorgebet halten; ihr Lebensstil unterscheidet sich stark von dem eines Mönches, der im Kloster lebt. Die Zisterzienserklöster in anderen Ländern wiederum kennen keine Pfarrseelsorge, dort leben alle immer nur im Kloster, wie es ursprünglich die Benediktsregel vorgesehen hat; freilich gibt es dann wieder einige, die riesige Schulen betreiben, was auch nicht ursprünglich ist. Damit möchte ich nur darauf hinweisen, dass jede Gemeinschaft etwas Besonderes ist. Wer eine Berufung zum benediktinischen Mönchtum verspürt, der muss beachten, dass jedes Kloster ein spezifisches Profil hat.

Wir Zisterzienser sind reformierte Benediktiner. Benedikt lebte in der ersten Hälfte des 5. Jahrhunderts. Man hat diese Epoche die Zeit der »Völkerwanderung« genannt: Politische Strukturen brachen zusammen, vieles befand sich

Teil des Kreuzganges mit den Grabplatten von mittelalterlichen Wohltätern

im Umbruch. In dieser Situation machte sich Benedikt auf, um Gott zu suchen. Zunächst als Einsiedler im italienischen Apennin. Die Idee des »*monachos*«, also eines Christen der »einzig (*monos*) für Gott lebt«, war erst kurz zuvor im Orient entstanden und hatte in Europa erst einige Wenige entflammt. Es gibt in jener Zeit noch keine bewährten Formen für das Zusammenleben solcher gottsuchenden Menschen. Als »Mönch« zu leben, ist noch ein abenteuerliches Experiment. Und auch Benedikt muss »Lehrgeld« bezahlen, denn als ihn eine Gemeinschaft bittet, ihr Vorsteher, ihr »*Abbas*«, ihr »Abt« zu sein, da ist er so streng, dass die Brüder sich seiner entledigen wollen. Sie versuchen, ihn zu vergiften. Benedikt segnet den vergifteten Becher, und der zerspringt. Bis heute wird der heilige Benedikt dargestellt mit einem zerborstenen Becher, aus dem eine Schlange kriecht, Symbol für die Gefahr misslingenden Gemeinschaftslebens.

Über das Leben Benedikts wissen wir nur durch Erzählungen von Papst Gregor dem Großen († 604), wo der geschichtliche Kern durch legendenhafte Erzählungen umrankt wird. »*Benedictus*« heißt »der Gesegnete«. Als Geburtsjahr wird 480 angenommen, der Geburtsort ist Nursia, heute Norcia. Die wohlhabenden Eltern schickten ihn zum Studium nach Rom. Die Stadt Rom war trotz äußerlicher Pracht bereits vom inneren Verfall gezeichnet, das Imperium Romanum befindet sich in Auflösung. Wir wissen nicht genau, was Benedikt dazu veranlasste, die Stadt und seine Eltern zu verlassen, um Gott zu suchen. Die Lage der Kirche, die Missstände im Klerus, die Oberflächlichkeit des Studentenlebens? Der heilige Gregor schreibt etwas kryptisch in seinen »Dialogen«, dass Benedikt »den Fuß von der Schwelle der Lust zurückzog«.

Manchmal braucht es im Leben eben radikale Einschnitte, um einen Sprung vorwärts zu tun. Bei Benedikt waren es mehrere Sprünge, bis er der war, der Europa nachhaltig verändern sollte: Kurze Zeit verbrachte er in der Asketengemeinschaft an der Kirche zu Enfide, dem heutigen Affile; dann folgte er dem inneren Ruf zum Mönchtum und zog sich in eine Höhle bei Subiaco zurück. Nach weiteren drei Jahren strengen Einsiedlerlebens stellte er sich den Mönchen von Vicovaro als »Abbas«, als geistlicher Leiter, zur Verfügung, wo er später vergiftet werden sollte.

Historisch gesichert ist, dass Benedikt 529 auf einem hohen Berg zwischen Rom und Neapel über den Ruinen eines heidnischen Tempels das Kloster Montecassino gründete. Es ist symbolträchtig, dass im selben Jahr Kaiser Justinian die Platonische Akademie in Athen schloss: Die heidnische Philosophie war an ein Ende gelangt, während eine neue Ära begann. Jetzt wurde das christliche Mönchtum zum Träger der Bildung und des Fortschritts; die Mönche waren es dann auch, die in ihren Bibliotheken das Wissen der Antike in die Neuzeit überlieferten. Die Zeit Benedikts war geprägt von Abbrüchen und Aufbrüchen, von Orientierungslosigkeit und der Suche nach Beständigem. Die raschen Veränderungen ließen vielen Menschen die Welt buchstäblich fremd werden und nach einer neuen Identität, nach einer neuen Heimat suchen – auch im Glauben. Am 21. März 547 starb Benedikt in der Kirche von Montecassino, aufrecht stehend, von seinen Jüngern gestützt; er ist dort auch neben seiner Schwester Scholastika begraben.

Das Wichtigste, das Benedikt der Menschheit hinterlassen hat, ist seine Regel, die *»Regula Benedicti«*. Die Benediktsregel wird heute zusehends von Pädagogen, Managern, Politikern und Ökonomen entdeckt und gerühmt. Vorträge über »Management anhand der Benediktsregel« gibt es heute am laufenden Band, und auch ich habe schon etliche gehalten. Der Titel, den ich für meine Vorträge vor Bankern, Managern, Künstlern und Intellektuellen gewählt habe, war bewusst ein wenig provokant formuliert: »Sind Mönche die besseren Manager?!« Immerhin begründet die Benediktsregel ja das europäische Mönchtum, und das ist mit seinen inzwischen eineinhalb Jahrtausenden gewissermaßen eine der beständigsten und erfolgreichsten Institutionen der Welt ...

Die Benediktsregel ist gleichsam die »Rahmenidee« unserer Lebensform. Jeder Gast findet daher auf seinem Zimmer nicht nur eine Bibel vor, sondern auch eine handliche Ausgabe der Regula Benedicti und drittens noch einen Bildband über Heiligenkreuz. So sind die drei Kreislinien markiert, von denen her unser Leben seine Mitte und Fokussierung findet: Es geht um Christus, dem wir als benediktinische Mönche an diesem konkreten Ort mit seinen konkreten Bräuchen und Lebensformen nachfolgen. Auch für uns Mönche gehört die Lesung aus der Benediktsregel zum Alltag: Wir versammeln uns täglich am Abend, dann wird ein Kapitel der Regula Benedicti vorgelesen. Von dieser Lesung eines »*capitulum*« weg ging die Bezeichnung später auf die Gemeinschaft der Zuhörer über, sodass dann folglich die Versammlung der Mönche »Kapitel« genannt wurde. In Folge davon nannte man bald auch den einzelnen Mönch, der an dieser Versammlung dank seiner Gelübde teilnehmen durfte »Kapitular«. So prägend war das Lesen der Benediktsregel also, dass sich daraus sogar die Bezeichnung der Mönche entwickelte.

Der heilige Benedikt will uns Mönchen, die wir im Kloster leben, eine praktikable Ordnung für unser Gemeinschaftsleben geben. Man muss die Benediktsregel lesen, um den besonderen Stil zu begreifen: Es ist eine Mischung aus geistlichen Grundsätzen und detaillierten praktischen Anweisungen. Über weite Strecken ist die Regel mit ihren 73 Kapiteln eine Art Collage aus der Heiligen Schrift. Im langen Vorwort, dem Prolog, reiht sich ein Zitat aus der Bibel an das nächste. Benedikt eröffnet die Regel mit den Worten: »*Ausculta, o fili!*« »Höre, mein Sohn, auf die Lehren des Meisters und neige das Ohr deines Herzens; nimm die Mahnung des gütigen Vaters willig an und erfülle sie durch die Tat. So wirst du durch die Mühe des Gehorsams zu dem zurückkehren, von dem du dich in der Trägheit des Ungehorsams entfernt hast.« (Regula Benedicti, Prolog 1-2). Das sogenannte »*Initium*«, also die ersten Worte der Regel, sind eine Art Grundsatzprogramm. Noch heute werden die ersten Worte päpstlicher Verlautbarungen so gewählt, dass sie schlaglichtartig das Thema aufleuchten lassen. Darum werden päpstliche Dokumente immer einfach nach den Eröffnungsworten benannt. Wenn z. B. Papst Benedikt XVI. seine erste Enzyklika mit den Worten »*Deus Caritas est*« eröffnet, so ist das bleibend der Titel dieses herrlichen Textes über den christlichen Gott, der sich als »die Liebe« geoffenbart hat. Man könnte die Benediktsregel auch das »Ausculta«-Dokument nennen, denn ihr Grundthema besteht tatsächlich im Hinhören auf Gott. Das lateinische »*auscultare*« heißt nicht einfach hören. Man kann auch etwas hören, ohne es zu wollen. »*Auscultare*« meint das willentliche Hinhören, das Lauschen. Die Regel beginnt also mit der Einladung: »Spitz mal deine Ohren, mein Sohn!«

Gleich im Prolog sagt Benedikt dann auch, was er unter Kloster versteht: Ein benediktinisches Kloster ist »eine Schule für den Dienst des Herrn«. Nach der Methode der antiken Philosophenschulen ist ein Kloster der Ort, wo sich die Brüder gegenseitig helfen, Christus nachzufolgen. Achtung: Das Phänomen Kloster gibt es auch in anderen Religionen. Zu allen Zeiten ist der Mensch ein Gottsuchender gewesen und wird es zu allen Zeiten auch bleiben, denn es gehört zu unserem Menschsein, dass unsere Seele sehnsüchtig ist auf Unendlichkeit hin. Doch das benediktinische Kloster ist nicht ein Ort der bloßen Suche, sondern es ist ein Ort des Schon-gefunden-Seins. Darum gibt Benedikt keinerlei Anweisungen für Meditations- und Versenkungstechniken. Er setzt voraus, dass der Mönch schon die Gegenwart Gottes in Jesus Christus erkannt hat. Die Regel möchte nun einfach den Rahmen abstecken, innerhalb dessen die Freundschaft mit Jesus Christus gelebt wird. Darum verlangt der heilige Benedikt im vorletzten Kapitel der Regel von den Mönchen: »Christus sollen sie überhaupt nichts vorziehen!«

Heute kommen viele Menschen ins Kloster, die irgendwie von Gott getroffen worden sind und sich auf den Weg machen, um nach diesem großen Unbekannten zu suchen. Manche sind regelrechte Abenteurer, manche sind einfach Aussteiger aus dem stressigen Berufsleben und Profitstreben; viele sind religiös noch nicht ausgereift. Verstärkt kommt es in der letzten Zeit auch vor, dass Ungetaufte, Aus-der-Kirche-Ausgetretene oder evangelische Christen zu uns kommen. Ich denke, dass es in allen Klöstern so gehandhabt wird, dass niemand nach seiner Konfession oder seiner Glaubensüberzeugung gefragt wird, wenn er sich für eine Zeit zurückziehen möchte. Zugleich möchte ich aber auch deutlich sagen, dass unsere mönchische Lebensform nur auf der Grundlage des vollen und überzeugten katholischen Glaubens möglich ist. Was man als Außenstehender im Kloster an Liturgie und Atmosphäre, an Romantik und Lebensstil miterleben kann, das entspringt einer inneren Haltung in jedem von uns, die ganz identifiziert ist mit dem katholischen Glauben. Das zeigt sich etwa schon darin, dass wir unsere Lebensform ja nur deshalb aushalten, weil wir aus den Sakramenten leben. Das Chorgebet nimmt quantitativ viel Zeit in Anspruch, es ist wichtig, aber es ist nicht die höchste Form der Liturgie. Dies ist die tägliche Feier der heiligen Messe, wo wir die Kreuzeshingabe Christi feiern. Liebevoll darf jeder von uns täglich Jesus Christus in Gestalt der heiligen Kommunion empfangen. Ohne diese sakramentale Stärkung wüsste ich nicht, wie ich den anstrengenden Rhythmus, die unvermeidlichen Frustrationen und so manche melancholische Phase überstehen sollte. Dasselbe gilt vom Bußsakrament, denn mit sich selber wird jeder nur fertig, indem er regelmäßig seine Sünden Christus übergibt und dieser sie in der Beichte losspricht. Die Gäste und Besucher sehen es nicht gleich auf den ersten Blick, aber jeder von uns geht regelmäßig, manche monatlich, manche zwei-wöchentlich, manche sogar wöchentlich zur heiligen Beichte. Ohne Reue über die eigenen Sünden, ohne die Demut zum Sündenbekenntnis in der Beichte, ohne die übernatürliche Reinigung, die man im Sakrament geschenkt bekommt, wäre Gemeinschaftsleben nicht möglich. Ich bin überzeugt, dass es in meinem Kloster deshalb so gut geht, dass wir eine so maximale Harmonie haben, weil wir alle das Bußsakrament schätzen und nützen.

Es wäre ein schweres Missverständnis, wenn man die Benediktsregel als kirchenloses Lebensprogramm verstehen wollte. Benedikt ordnet eine konkrete Lebensform, die der Mönche, innerhalb des übernatürlichen Raumes, der den Namen Kirche trägt. Darum ist das Kloster für Gäste immer auch ein Ort der »Verkirchlichung«. Die religiösen Sucher und Abenteuer werden hier sehr bald mit der Frage konfrontiert: Wie halte ich es mit dem Glauben? Wie halte ich es mit den Sakramenten? Immer wieder erleben wir, wie das Mitleben im Kloster Gäste regelrecht hineinzieht in den katholischen Glauben, wie ihre Seele gleichsam »kirchenweit« wird. Einige unserer jetzigen jungen Mitbrüder waren gar nicht katholisch, als sie zum ersten Mal mit dem Klosterleben in Kontakt kamen. Einer war Protestant, ein anderer gehörte zu einer Freikirche, und wieder einer war sogar ungetauft ... Natürlich muss der, der ins Kloster eintreten möchte, die Taufe empfangen haben und katholisch sein. Das Kirchenrecht

sieht auch vor, dass er das Sakrament der Firmung, also die Salbung mit Heiligem Geist, empfangen hat. Wo das nicht der Fall ist, muss es nachgeholt werden, denn ein Sakrament entfaltet ja eine unsichtbare übernatürliche Gnadenwirkung, ohne die das Ordensleben nicht möglich ist. Jeder Mönch hängt mit seiner ganzen Existenz an einem dünnen Faden, der den Namen »Gnade« trägt; und das ganze Tun der katholischen Kirche zielt darauf ab, diesen Faden zu schützen und zu stärken, dass er nicht reißt.

Benedikt konnte vor tausendfünfhundert Jahren selbst nicht überblicken, welch großartiges Programm christlichen Lebensstiles er mit seiner Regel entworfen hatte. Ohne sie hätte sich das christliche Mönchtum nicht zu einem so wichtigen Faktor der europäischen Kultur entwickeln können. Freilich wurde die Regula Benedicti erst durch Kaiser Karl den Großen im 8./9. Jahrhundert verbindlich für alle Klöster in seinem Reich. Und schon kurz darauf kam es zu einer machtvollen Entwicklung des benediktinischen Mönchtums in Gestalt des Klosterverbandes von Cluny. Das Mönchtum hat immer wieder versucht, die Entspiritualisierung des christlichen Glaubens und die Verweltlichung der Kirche zu verhindern. Unsere Klöster waren immer spirituelle und geistige Zentren, in den dunklen Phasen der Geschichte wurden sie nicht zuletzt maßgeblich für die Weitergabe von Bildung und Wissen. Heute ist es ein wenig aus dem öffentlichen Bewusstsein entschwunden, dass unsere Klöster immer die Avantgarde der Wissensvermittlung waren! Wo sonst sind die antiken Autoren abgeschrieben und weitergegeben worden, wenn nicht in den Klöstern?! Wo hat man sonst riesige Bibliotheken angelegt, Schulen eingerichtet, Studien

Barockes Fresko des Babenbergerherzogs Leopold V. im gotischen Kapitelsaal

betrieben, wenn nicht in den Klöstern?! Es tut mir ein bisschen weh, wenn man uns Mönche heute für rückständig hält und erstaunt ist, dass wir mit Computer und Internet agieren, dass wir die neuen und neuesten Medien zu nützen versuchen, um Glauben und Wissen weiterzuvermitteln. Es ist nicht Hochmut, sondern der realistische Blick auf die historische Entwicklung, wenn ich behaupte: Das benediktinische Mönchtum war für die geistige und kulturelle Entstehung Europas von höchster Bedeutung. Daher hat Papst Johannes Paul II. den heiligen Benedikt im Jubiläumsjahr 1980, also genau 1500 Jahre nach seiner Geburt, zum »Patron Europas« ernannt. Natürlich ist es heute um uns ein wenig ruhiger geworden, aber nur weil wir mit dem Atem der Jahrhunderte atmen, sollte man uns auch im 21. Jahrhundert nicht als rückständig abschreiben. Was länger währt, das währt am längsten.

Was findet man in der Benediktsregel? Über weite Strecken ist die Regula Benedicti im Stil eines Gesetzbuches geschrieben. Sie regelt die innere Struktur des Klosters, beschreibt die notwendigen Eigenschaften der Mönche und des Abtes, gibt detaillierte Anordnungen für die Feier des Gottesdienstes, ordnet die Pflichten und Rechte der einzelnen Ämter innerhalb der Gemeinschaft und gibt immer wieder wichtige Hinweise für das geistliche Leben in der Christusnachfolge. Sicher enthält die Regel des heiligen Benedikt Teile, die zeitgebunden sind, aber in der Substanz ist sie bis heute eine tragfähige Basis für das Leben einer Klostergemeinde.

Das Charisma der Zisterzienser

Benedikt steht für mich für kluge Ordnung, für heilige Tipps in Bezug auf das Gemeinschaftsleben. Zisterzienser sind – wie schon gesagt – reformierte Benediktiner; bei uns ist aber nicht bloß das Ordensgewand vom Schwarz auf das (elegantere!) Schwarzweiß umgefärbt, sondern bei uns kommt etwas in das benediktinische Mönchtum hinein, das neu ist. Wir stehen für eine emotionale und affektive Spiritualität. Doch dazu muss ich ein wenig meinen Orden, seine Ursprünge und geistigen Grundlagen schildern. Es gibt eine Stelle der Regula Benedicti, wo der heilige Benedikt seinen an sich recht nüchternen Stil verlässt. Das ist genau dort, wo er das eigentliche Ziel des Klosterlebens beschreibt: »Wer aber im klösterlichen Leben und im Glauben fortschreitet, dem wird das Herz weit, und er läuft in unsagbarem Glück der Liebe den Weg der Gebote Gottes.« (Regula Benedicti, Prolog 49). Und genau dieses »Glück der Liebe« ist es, dem die Zisterzienser ab dem 12. Jahrhundert nachspüren wollten.

Mehr als fünfhundert Jahre nach Benedikt wurde 1098 südlich von Dijon in Frankreich das Kloster »Cistercium« (französisch: Cîteaux) gegründet, von dem sich der Name »Cistercienser« bzw. »Zisterzienser« herleitet. Die ersten Zisterzienser wollten die Benediktsregel in ihrer ursprünglichen Reinheit leben. Und sie haben doch neue Akzente gesetzt: Für sie ist das Kloster nicht einfach eine »Schule für den Dienst am Herrn«, sondern eine »Schule der Liebe«. Sie ordnen alle Bestandteile des klösterlichen Lebens auf die Liebe hin: Gehorsam und Askese, Einsamkeit und Enthaltsamkeit, Arbeit und Gebet, Studium und Bibellesung sollen den Mönch lehren, seinen Egoismus zu überwinden und frei zu werden für die Liebe zu Gott und den Menschen.

Der »Vorlauf« zu den Zisterziensern ist das benediktinische Mönchtum von Cluny. Seit Anfang des 10. Jahrhunderts hatte sich das Benediktinertum zu einem eindrucksvollen Klosterverband konstituiert, dessen Mittelpunkt die Abtei Cluny war. Cluny war eine tiefgeistliche Reformbewegung gewesen, die das Christentum aus der schweren Krise geführt hatte, die unter dem Namen »Investiturstreit« in die Geschichte eingegangen ist. Es handelte sich um den Konflikt zwischen Kaiser und Papst im 11. Jahrhundert, um die Frage, wer das Recht habe, Bischöfe einzusetzen (»*investire*«). Die Praxis, dass der Kaiser die Bischöfe einsetzte, führte dazu, dass sie oft unreligiöse »weltliche« Landesherren waren.

In der Folge erstarkte das Papsttum als Garant für die kirchliche Ausrichtung des Christentums. In den Klöstern von Cluny wurden die Kultur und die Feier der Liturgie in bewundernswerter Perfektion gepflegt. Dabei gingen Bescheidenheit und Einfachheit verloren. Das cluniazensische Klosterleben bestand fast nur noch aus der Feier der Liturgie. Die Arbeit, die ein Wesensmerkmal des benediktinischen Mönchtums ist, ließ man durch Leibeigene und Untergebene verrichten. Das ursprüngliche Ideal des heiligen Benedikt von Gebet, Arbeit und Studium war in Gefahr. Und hier ereignete sich, was sich in der ganzen Geschichte des Christentums immer wieder feststellen lässt: Jede Reform impliziert schon die Notwendigkeit der nächsten Reform. Auf jede Reform folgt Verfall, doch ebenso folgt auf jeden Verfall auch bald wieder eine Reform. Wir Zisterzienser entstanden als die Reform von Cluny.

Freilich hätte es 1098 niemand der kleinen Truppe von Mönchen zugetraut, die aus dem cluniazensischen Kloster Molesme in die einsame Gegend namens »Cistercium« gezogen war, dass aus ihrem Klösterchen einer der größten Orden der Kirche hervorgehen sollte. Sie nannten ihr Kloster in den einsamen Wäldern bewusst »*Novum Monasterium*«, das »Neue Kloster«. Ihre Absicht war es, ein einfaches Leben nach der Regel des heiligen Benedikt zu führen, vor allem aber der Arbeit wieder den gebührenden Stellenwert im klösterlichen Leben zu geben. Unter Arbeit – das lateinische »*labor*« heißt auch soviel wie »Mühe« – verstand man damals selbstverständlich die schwere körperliche Handarbeit auf den Feldern und im Wald oder auch beim Klosterbau. Das Klösterchen von Cîteaux ist unsere Wurzel; darum steht bei uns in Heiligenkreuz auch über dem Badener Tor: »Cistercium Mater Nostra. Cîteaux ist unsere Mutter.« Als Gründer verehren wir die drei ersten Äbte, den heiligen Robert von Molesme, den heiligen Alberich und den heiligen Stephan Harding.

Im »Neuen Kloster« lebte man sehr streng und einfach. Doch Cistercium war nur eines von vielen Reformklöstern, die damals entstanden. Trotz des echten Eifers blieben die ersten Jahre ohne breite Wirkung. Vermutlich handelte es sich bei dem Urkloster »Cistercium« um ein aus Holz erbautes provisorisches Klösterchen, dem nicht mehr als 20 Mönche angehörten. Die Gemeinschaft war klein, und sie wäre es auch geblieben, wenn nicht um 1110 ein junger Mann an die Klostertür geklopft hätte, der die bedeutendste Persönlichkeit des 12. Jahrhunderts werden sollte: Bernhard von Clairvaux. Der junge burgundische Aristokrat Bernard de Fontaine kam nicht allein: Er hatte zirka 30 Gefährten – Brüder, Verwandte und Freunde – davon überzeugt, dass die Suche nach dem Reich Gottes (Matthäus 6,33) das Wichtigste im Leben ist. Viele der jungen Männer, die mit ihm das Ordensgewand nahmen, hatten buchstäblich alles verlassen, etliche von ihnen waren bereits verheiratet gewesen. Bernhard war eine so schwungvolle und anziehende Persönlichkeit, dass nun die Berufungen nach Cîteaux strömten. Das Neue Kloster wuchs, und schon bald konnten vier weitere Klöster gegründet werden: die »Primarabteien« La Ferté (1113), Pontigny (1114), Morimond (1115) und Clairvaux (1115), dem Bernhard selbst bist zu seinem Tod als Abt vorstand. Bis zum Tod des Heiligen im Jahre 1153 entstanden in Europa über 400 Zisterzienserklöster. Eines davon ist Heiligenkreuz. Bernhards Ausstrahlungskraft ist noch heute in den zahlreichen Werken und Predigten zu spüren, die von ihm erhalten sind: es war eine neue Herzensfrömmigkeit mit viel Gefühl und Emotion, die sich hier Bahn brach.

Beinahe unwillig, weil er seine Berufung als Mönch gefährdet sah, erfüllte er die Aufträge des Papstes in der Kirche und beeinflusste entscheidend viele außerklösterliche Angelegenheiten. Sein spiritueller Ernst, die Treue zu seiner Berufung und schließlich seine enorme Leistungskraft ermöglichten es ihm trotzdem, vor allem für sein Kloster und den jungen, entstehenden Zisterzienserorden tätig zu sein. Schon bald war der Abt von Clairvaux zur einflussreichsten Person in der Kirche und in der Welt geworden, sodass die erste Hälfte des 12. Jahrhunderts oft »das Zeitalter Bernhards von Clairvaux« genannt wird. Auch wenn er viel außerhalb des Klosters unterwegs war, blieb er doch der Sehnsucht nach

Mönch. Seine Predigten, die auch heute noch etwas von der Begeisterungsfähigkeit Bernhards ahnen lassen, hat er wohl tatsächlich vor seiner Klostergemeinde in Clairvaux gehalten. Zur Charakterisierung hier ein berühmtes Zitat aus seinem Werk »Von der Gottesliebe«: »Der Grund, Gott zu lieben, ist Gott selbst. Das Maß der Liebe ist, ihn ohne Maß zu lieben. Ist das klar genug gesagt? Ja, aber nur für den, der es begreift.«

Bernhard war der charismatische Feuergeist einer klösterlichen Erneuerungsbewegung, die das mittelalterliche Europa in ihren Bann zog. Es war jedoch der in England geborene Stephan Harding, der als dritter Abt von Cîteaux dieser Aufbruchsbewegung eine innere Struktur und Ordnung gab. Abt Stephan Harding verfasste die Satzungen des Ordens und nannte sie »*Charta Caritatis*«, also »Charta der Liebe«. Sie wurde 1119 durch Papst Calixt II. bestätigt und formte aus der zisterziensischen Bewegung einen Orden. In gewisser Weise sind wir Zisterzienser der erste »Orden« der Kirche überhaupt: Erstmals gab es ja einen überregionalen Zusammenhalt, eine einheitliche Gesetzgebung, ein gemeinsames Ideal. Um die Einheit in den Gebräuchen untereinander zu sichern, versammelten sich die Äbte jährlich in Cîteaux. Dieses sogenannte »Generalkapitel« galt als die oberste Leitungsinstanz des Ordens. Zugleich sorgte das Prinzip der »Filiation« für den Zusammenhalt und die Gleichförmigkeit in den Gebräuchen: Jedes Kloster war ja »Tochter« (lateinisch »*filia*«) eines anderen Klosters, von dem es gegründet worden war, und wurde vom Abt dieses Gründungsklosters regelmäßig visitiert. Die sogenannte »Filiation« sicherte eine Struktur des Zusammenhalts und der Einheit. Man könnte diesen Schritt sogar mit dem Übergang vom Absolutismus zum parlamentarischen Konstitutionalismus vergleichen, der sich einige Jahrhunderte später im staatlichen Bereich ereignete. Denn während der Abt von Cluny noch »absolut« regierte, war Cîteaux zwar das Haupt eines zentral gelenkten Ordens, aber erstmals in einem konstitutionellen und parlamentarischen Sinn. Die oberste Leitungsgewalt lag bei der jährlichen Versammlung aller Äbte, beim Generalkapitel. Dieses Zusammentreffen der Äbte aus allen Ländern des damaligen Kulturkreises kann durchaus auch als Vorläufer späterer internationaler Organisationen gesehen werden.

Die wichtigste Neuerung der Charta Caritatis betrifft aber das Ideal der klösterlichen Arbeit. Die Zisterzienser wollten der Benediktsregel entsprechen und von ihrer eigenen Hände Arbeit leben (Regula Benedicti 48,8). Leibeigene und die Abgaben von abhängigen Bauern lehnten sie ab. Dies führte zu einer spezifischen internen Organisation der Klöster, die heute völlig verschwunden ist: Eine mittelalterliche Zisterze beherbergte zwei Gruppen von Mönchen, die räumlich und organisatorisch voneinander getrennt waren: die Chormönche, zu denen auch die Priester gehörten; diese verrichteten das lateinische Chorgebet und übernahmen auch Arbeiten, wo es nötig war. Die eigentliche Arbeitslast aber lag bei den Laienbrüdern, die »Konversen« genannt wurden; auch diese hatten bestimmte Gebete zu verrichten, lebten aber vielfach außerhalb des Klosters in den Wirtschaftshöfen, den sogenannten »Grangien«. Der Erfolg der Zisterzienser liegt unter anderem darin, dass nun auch Menschen »aus einfachem Stand« in das Kloster eintreten konnten, um Konverse zu sein, und nicht nur Angehörige der Adelsschicht.

Das »Dormitorium«, der mittelalterliche Schlafsaal

Wir Zisterzienser sind also eine Art »charismatische« Aufbruchsbewegung innerhalb der Kirche des Mittelalters; der Orden breitete sich explosionsartig aus, sodass innerhalb eines Jahrhunderts Europa von Zisterzienserklöstern übersät war. Die Zisterzienser bauten ihre Klöster nach denselben Grundrissen, pflegten dieselbe klösterliche Lebensweise und feierten die Liturgie nach denselben Gebräuchen. Ihre Spiritualität war geprägt von einer personalen Jesusbeziehung und einer affektiven Marienmystik; das Emotionale und Affektive dieser Frömmigkeit beeinflusste die neuen Orden, die Anfang des 13. Jahrhunderts entstanden: die Dominikaner und Franziskaner. Die Bettelorden »popularisierten« hundert Jahre später gleichsam die Frömmigkeit der Zisterzienser; auch sie nahmen nicht nur Adelige, sondern »jeden« auf. Während die Zisterzen aber in abgelegenen, einsamen Gegenden gebaut waren, siedelten sich die Bettelorden in den Städten an, betrieben Predigt und Lehre und zogen schon bald die Berufungen in Massen an. Auf Kosten der Zisterzienser, wo der Zustrom schon bald versiegte. Im Laufe der Geschichte erlitt unser Orden dann ein wechselhaftes Schicksal. Im Ursprungsland Frankreich etwa wurden alle Klöster durch die Französische Revolution aufgehoben und meist zerstört. Wo einst die Abteikirche von Cîteaux stand, ist heute eine grüne Wiese; die Kirche von Clairvaux wurde abgetragen, die Klosteranlage ist bis heute ein staatliches Hochsicherheitsgefängnis ... Ein Besuch in Clairvaux zusammen mit jungen Mitbrüdern hat uns alle in schwere Depressionen versetzt, zugleich aber auch klar gemacht: das Kloster des heiligen Bernhard, die einst ausstrahlendste Abtei unseres Ordens - ein Ort des Schreckens. Alles in dieser

Welt unterliegt der Hinfälligkeit und Vergänglichkeit. Der einzige Erfolg, der daher zählt, ist der Erfolg im Herzen der Menschen.

Ähnlich Trauriges ereignete sich in den meisten anderen Ländern Europas. Nur Österreich blieb zum großen Teil vom Gräuel einer Französischen Revolution oder einer Säkularisation wie in Deutschland verschont. Daher gibt es heute in Österreich gleich 8 lebendige Zisterzienserklöster: Stift *Rein* in der Steiermark, das 1129 gegründet wurde und das älteste Zisterzienserkloster der Welt ist, die Stifte *Zwettl* und *Lilienfeld* in Niederösterreich, die Tochtergründungen von Heiligenkreuz sind, die Stifte *Wilhering* und *Schlierbach* in Oberösterreich, die Abtei *Wettingen-Mehrerau* in Vorarlberg und das Stift *Stams* in Tirol. Dazu kommen drei Zisterzienserinnenklöster: die Abteien *Mariastern-Gwiggen* in Vorarlberg, *Marienkron* im Burgenland und *Marienfeld* in Niederösterreich. Die beiden letzteren Klöster wurden erst in der jüngeren Vergangenheit gegründet. In Deutschland gibt es die Männerabteien *Marienstatt* und *Himmerod* sowie das Priorat *Langwaden*. Dazu kommt das zur österreichischen Abtei Wettingen-Mehrerau gehörige Priorat *Birnau* und das von Heiligenkreuz 1988 gegründete Kloster *Stiepel* in Bochum. An Frauenklöstern gibt es in Deutschland: *Oberschönenfeld*, *Thyrnau*, *Seligenthal*, *Waldsassen*, *Marienthal* und schließlich das vor Kurzem wiedergegründete *Helfta* und ein ganz junges Priorat in *Düsseldorf*. Auch in der Schweiz sind Zisterzienser mit uralten Klöstern präsent: durch die Abtei *Hauterive* und eine ganze Reihe von Zisterzienserinnenklöstern wie *Eschenbach*, *Frauenthal*, *Lichtenthal*, *Magdenau*, *Maigrauge* und *Wurmsbach*. In Südtirol gibt es schließlich die Zisterzienserinnenabtei *Mariengarten* bei Bozen. Uns Zisterzienser gibt es in fast jedem europäischen Land; wir sind aus der kulturellen und geistlichen Landschaft nicht wegzudenken.

Den Zisterzienserorden gibt es aber noch in einer anderen Version, als »Trappisten«, denn im Laufe der Geschichte hat sich der Orden in zwei Zweige geteilt. Während wir uns »Ordo Cisterciensis« (Abkürzung OCist) nennen, also einfach der »Zisterzienserorden«, wurde ein französischer Reformzweig der Zisterzienser 1892 durch Papst Leo XIII. zu einem eigenen Orden erhoben. Dieser heißt offiziell »Ordo Cisterciensis Strictioris Observantiae« (Abkürzung OCSO), das heißt: »Zisterzienser von der Strengen Observanz«. Heute gibt es weltweit mehr als doppelt so viele Trappisten wie Zisterzienser: in Frankreich, Spanien und den USA sind sie besonders zahlreich. In Österreich und Deutschland hingegen gibt es nur jeweils ein Trappistenkloster: *Engelhartszell* in Oberösterreich und *Mariawald* in der Eifel, dazu kommen die beiden deutschen Trappistinnenabteien *Maria Frieden* in Dahlem und *Gethsemani* in Dannenfels.

Verliebt in Gott

Die Schriften der frühen Zisterzienser sind heute überaus populär, es gibt dutzende Veröffentlichungen mit Gebeten und Gedanken unserer Väter des 12. Jahrhunderts. Sie haben nichts von der frömmlichen Sprache an sich, wie man sie manchmal in religiöser Erbauungsliteratur findet; aber auch nichts von der spröden Kompliziertheit, wie sie in moderneren Texten zu finden ist. Hier zuviel Zucker, dort zuviel Essig. Der Stil der Zisterzienser ist zwar sehr affektiv, gemütsbetont und emotional, aber nie kitschig. Wenn Bernhard von Clairvaux den Beinamen »doctor mellifluus«, also »honigfließender Lehrer« erhalten hat, so soll das keine Anspielung auf übertriebene Süßigkeit sein. Honig war damals ja das einzige Süßungsmittel, die Delikatesse schlechthin. Was Bernhard predigt, ist »köstlich«. Und er begründet eine neue Frömmigkeit »mit Herz«, die heute aktueller ist denn je.

Von Bernhard und den Zisterziensern sollten wir erstens die Liebe zum Wort Gottes lernen. Katholiken sind ja immer in Gefahr, die Bibel nicht so ernst zu nehmen. Wir meinen manchmal, dass es genügt, unsere Sakramente zu haben und die Gottesdienste mitzufeiern. Lange bevor Martin Luther im 16. Jahrhundert die Heilige Schrift in den Mittelpunkt seines Verständnisses von Christentum gestellt hat, war die Bibel in den benediktinischen und zisterziensischen Klöstern zentral für das Glaubensleben. Die Frömmigkeit von Zisterziensern ist Frömmigkeit des Wortes Gottes. Heute ist es ja einhellige Meinung der Experten, dass die Benediktsregel mit der Kurzformel »Ora et labora«, »Bete und arbeite« nicht authentisch wiedergegeben wird. Man muss — wie schon gesagt — die Formel um ein drittes Element erweitern: »Ora et labora et lege!«, »Bete und arbeite und lies!« Das Lesen der Schrift hat eine allerhöchste Bedeutung für die Mönche. Nicht nur, weil sie die Bibel handschriftlich kopierten, sondern weil das Wort Gottes als geistliche Nahrung aufgefasst wurde, die man in sich aufnehmen und verdauen musste. Im Mittelalter verglichen sich die Mönche gerne mit »wiederkäuenden Tieren«, und der heilige Bernhard prägt das Wort von der »*ruminatio*«, vom »Wiederkäuen« des Wortes Gottes. Bis heute wird der Platz, an dem ein Mönch beim Chorgebet steht, »Stallum« genannt. Der Begriff erinnert nicht zufällig an das Wort »Stall«, denn beim Chorgebet werden beständig die Bibeltexte »wiedergekäut«. Aber auch darüber hinaus war der Mönch den ganzen Tag über damit beschäftigt, Bibelverse auswendig vor sich herzusagen. Natürlich ging es bei der Ruminatio nicht in erster Linie um das schulmäßige Memorieren von Bibeltexten, sondern um echtes Gebet. Man legte sich ein aufbauendes Wort aus der Schrift zurecht und wiederholte es still während des ganzen Tages immer wieder, auch bei der Arbeit. Daraus entstand in der Ostkirche das sogenannte Herzensgebet. Beim Einatmen betete man »Herr Jesus Christus«, beim Ausatmen »Sohn Gottes, erbarme dich meiner!« Herzensgebet wird es deshalb genannt, weil es sich um ein stilles, inneres Gebet handelt und dadurch eine Atmosphäre der Intimität mit Jesus Christus entsteht. Die Bibel ist jedenfalls sowohl beim Chorgebet als auch bei der privaten »Ruminatio« die geistige Hauptnahrung des Mönches. Ich erlebe das so, dass mir manchmal beim Chorgebet einzelne Bibelverse besonders entgegenstrahlen; da leuchtet mir plötzlich eine Erkenntnis auf, da fühle ich mich auf einmal von einer Phrase ermuntert oder durch ein Wort, das mir bisher nie aufgefallen war, getröstet. Der Nebeneffekt ist, dass man im Lauf der Jahre tatsächlich sehr viel aus der Bibel weiß, viele Zitate kennt … Unsere Zisterzienserväter im Mittelalter kannten tatsächlich die Bibel über weite Strecken auswendig. Daher gleichen manche Predigten und Traktate des heiligen Bernhard einer Kollage aus Bibelzitaten, die er assoziativ aneinanderreiht.

Der heilige Hieronymus formuliert Anfang des 5. Jahrhunderts das bekannte Wort: »*Ignoratio scripturae, ignoratio Christi.*« »Wer die Heilige Schrift nicht kennt, der kennt Christus nicht.« Wir erleben dramatisch, wie christliches Glaubenswissen sich verflüchtigt. In meinem ersten Jahr im Kloster habe ich etwas sehr Wichtiges getan: Ich habe in der Fastenzeit die Heilige Schrift von A bis Z, von Genesis bis zur Apokalypse durchgelesen und mir sogar Notizen gemacht, die mir heute noch nützlich sind. Die wunderbaren Erzählungen über Gottes wunderbares Handeln am Menschen sind trostreich; sie sind aber auch zur Grundlage der Kulturgeschichte unserer europäischen Zivilisation geworden. Jeder Klostergast findet in seinem Zimmer eine Bibel vor, und zwar eine gut lesbare. Und jeder ist eingeladen, selbst einmal Gottes Wort auf sich wirken zu lassen. Jugendliche motiviere ich zum Bibellesen, indem ich sie vor allem auf die alttestamentlichen Erzählungen aufmerksam mache, die von »Action« nur so triefen. Manche biblische Geschichte strotzt ja derartig von »Sex and Crime«, dass der heilige Benedikt in seiner Regel sogar Vorbehalte dagegen anmeldet. Die Mönche sollen gewisse Bücher der Bibel nicht vor dem Einschlafen lesen, »denn für weniger gefestigte Brüder ist es nicht gut, wenn sie zur Abendstunde diese Schriften hören.« (Regula Benedicti 42,4). Es ist ein Vorurteil, zu meinen, die Heilige Schrift sei langweilig. Im Kloster leben wir ohnehin wie in einer Klangwolke namens Bibel: Unser Chorgebet besteht zu 95 Prozent aus Bibeltexten, vor allem aus den Psalmen; täglich hören wir mehrfach Lesungen aus der Heiligen Schrift, und schließlich soll jeder von uns auch persönlich jeden Tag darin lesen. Dazu kommt dann noch die »akademische« Beschäftigung mit der Bibel, denn es gibt ja keine Theologie »neben« der Heiligen Schrift. Das Zweite Vatikanische Konzil nennt die Bibel »gleichsam die Seele der gesamten Theologie«, sodass sowohl die Studenten als auch die Lehrenden sich beständig mit dem Wort Gottes beschäftigen müssen.

Freilich müssen wir uns dabei immer wieder an das Grundanliegen des heiligen Bernhard erinnern: Entscheidend ist nicht, das Wort Gottes zu wissen (lateinisch »scire«), sondern es innerlich in der Seele zu verschmecken (lateinisch »sapere«). Für Bernhard steht die gemütshafte »sapientia« – die »Weisheit« aus dem Worte Gottes, die sich von »sapere« ableitet – immer weit über der »scientia«, also der bloß wissensmäßigen Aneignung. Daher ist das Nächste, was wir von den frühen Zisterziensern lernen sollten, ihre emotional-affektive Spiritualität. Der christliche Glaube hat heute für viele Menschen einen faden Beigeschmack erhalten. Viele wen-

den sich ab, weil sie sagen: »Das gibt mir nichts.« Tatsächlich fehlt in unserer Glaubenspraxis oft die Gänsehaut, die einem über den Rücken laufen muss (!), wenn man dem lebendigen, ewigen Gott begegnet. Außerdem haben wir verlernt, dass unsere Seele ein innerer Aktionsraum ist. Uns fehlt die Gabe des innerlichen Erlebnisses. Unsere Klöster sollten so etwas wie »Trainingslager für geistliche Erfahrungen« werden. Wir müssen doch reagieren, wenn die Menschen irgendwelchen esoterischen Gurus nachlaufen, weil die ihnen wohlige gnostische Geisteszustände versprechen ... Der heilige Bernhard hat ausdrücklich gesagt, dass »nicht das Wissen, sondern das Mitfühlen« die Geheimnisse Gottes versteht: »*Nec scientia, sed conscientia comprehendit.*« Ihm geht es um das Gefühl der Betroffenheit, der Herzenserhebung: »*Instructio doctos reddit, affectio sapientes.*« Die Unterweisung macht zwar gelehrt, aber nur die innere Betroffenheit macht weise! Bernhard geht es immer um die »sapientia«, einen Ausdruck, den man im Deutschen nicht übersetzen kann, denn die wörtliche Wiedergabe mit »Weisheit« langt nicht hin. Man hat es mit »Gottverlangen« übersetzt, aber auch das ist noch schwach, denn es drückt zu wenig die sinnliche und emotionale Komponente aus, die darin mitschwingt. Am ehesten hilft Augustinus weiter, in dessen Tradition Bernhard steht, der davon gesprochen hatte, dass die Weisheit eine *delectatio*, eine *delicia sei*. Man darf das ruhig übersetzen mit: eine geschmackliche Delikatesse, die den Gaumen der Seele erfreut. Wenn man heute das Fernsehen einschaltet, findet man Kochsendungen ohne Ende. Das Genießen hat einen fast schon religiösen Stellenwert angenommen, freilich handelt es sich dabei immer um recht kurzlebige Genüsse. Aber

Der Platz des Abtes im mittelalterlichen Kapitelsaal

es lohnt sich meines Erachtens, den christlichen Glauben auch einmal mit dem heiligen Bernhard unter einem »kulinarischen« Kontext zu sehen. Christentum ist »sapientia«, ist Geschmack und Genuss für die menschliche Seele. Von den Zisterziensern sollten wir lernen, wie man innerlich die Nähe zu Gott »verkosten« kann. Was wir also brauchen, ist eine Neuentdeckung des mystischen »Gustus« an Gott.

Die Zisterzienser verschmecken zuerst einmal das Wort Gottes aus der Heiligen Schrift, sie käuen es wieder. Das »Wort«, dem letztlich die eigentliche Liebe der Zisterzienser gilt, ist aber nicht die Bibel, sondern tiefer noch das »Menschgewordene Wort« Jesus Christus (Johannes 1,14). Das Christentum kennt zwar ein heiliges Buch, die Bibel, aber wir sind keine Buchreligion wie etwa der Islam. Der Mittelpunkt unseres Glaubens ist nicht ein geoffenbarter Text, sondern ein menschgewordener Offenbarer, Jesus Christus. Darum besteht das Wesen des Christentums nicht in der Befolgung von Weisungen und Geboten, sondern in einer persönlichen Beziehung mit Jesus, dem Sohn Gottes. Diese personale Dimension ist für die Zisterzienser entscheidend, denn sie stellen wirklich Jesus in den Mittelpunkt. Durch die frühen Zisterzienser, vor allem durch den heiligen Bernhard, kommt es zu einer bedeutenden Akzentverschiebung der Frömmigkeit. Bislang verehrte man Christus vor allem im Bild des unnahbaren Weltenherrschers, nun blickt man anbetend auf die konkrete Menschheit Christi. Die Menschlichkeit Christi tritt in den Vordergrund. Bernhard ist der Erste, der – ein Jahrhundert vor Franziskus – eine »*theologia crucis*«, eine Theologie des Kreuzes, entwickelt.

An dieser Stelle leuchtet ein Charakteristikum der christlichen Spiritualität auf, auf das ich eingehen muss. Denn heute wird schon alles und jedes mit »Spiritualität« und »Mystik« bezeichnet. Das Wort »Spiritualität« wendet man mit Vorliebe auch auf die östliche Religiosität an, die sich die Suche nach dem Göttlichen, ja nach dem Erlöschen (»Nirwana«) im Unendlichen zur Hauptaufgabe gemacht hat. Es gibt einen wichtigen Unterschied zur christlichen Haltung. Als Gläubige wissen wir nämlich, dass wir Gott nicht erst suchen und ertasten müssen, sondern dass wir schon von ihm gesucht und gefunden worden sind. Das ist die Offenbarung in Jesus Christus. Die liegt unserem Suchen immer schon voraus. Darum ist christliche Spiritualität nie »Der Weg ist das Ziel«, sondern immer »Der Weg hat ein Ziel«, nämlich Jesus Christus. Wenn wir meditieren und beten, dann ist das nicht blinde Aktion hin zu Gott, sondern sehende Reaktion auf Gott; nicht Wort, sondern Antwort. In unserer Spiritualität reagieren wir auf die Liebeszuwendung Gottes, die in Jesus Christus in der Zeit geschehen ist und durch den Heiligen Geist vergegenwärtigt wird. Das heißt: Während die nichtchristliche Religiosität gleichsam von sich her eine Brücke hinüber in die Sphäre Gottes bauen möchte, ist diese Brücke uns Christen gleichsam objektiv schon vorgebildet durch Jesus Christus und wird beschritten im Heiligen Geist. Gott ist uns uneinholbar voraus, oder wie Johannes formuliert: »Nicht darin besteht die Liebe, dass *wir* Gott geliebt haben, sondern dass *er* uns geliebt und seinen Sohn als Sühne für unsere Sünden gesandt hat.« (1 Johannes 4,10). Daraus folgt, dass unsere Spiritualität wesentlich darin besteht, das zu vergegenwärtigen, was uns schon geschenkt worden ist. Wenn wir Christen Gotteserfahrung suchen, dann ist das keine

Sehnsucht »ins Blaue hinein«, sondern wir treffen auf einen Gott, von dem wir glauben, dass er uns kraft seiner Menschwerdung begegnet ist. Wenn wir meditieren, dann schauen wir auf Jesus Christus, auf Gottes Handeln »*propter nostram salutem*«, »um unseres Heiles willen«, wie es im Glaubensbekenntnis heißt. Das Schönste, was Gott uns gezeigt hat, ist seine Liebe. Die hat er uns darin erwiesen, dass er von seiner Göttlichkeit in unsere Menschlichkeit abgestiegen ist. Und genau das ist das Herzstück der zisterziensischen Frömmigkeit. Bernhard von Clairvaux ist von der Niedrigkeit des menschgewordenen Gottessohnes, von seinem Hinabsteigen in die Krippe, von den Entbehrungen seines menschlichen Lebens, von der Qual des Kreuzes fasziniert! Er formuliert: »Jesus kennen, Jesus den Gekreuzigten, das ist der Kern meiner Philosophie.« Daher wird Bernhard auch gerne dargestellt, wie der Gekreuzigte sich zu ihm hinabneigt und ihn liebevoll umarmt. Dieser sogenannte »Amplexus« macht bildhaft die distanzlose Zärtlichkeit deutlich, mit der die Zisterzienser ihre Liebe zu Jesus leben wollen. Die Sehnsucht nach einer realen Berührung und Umarmung, die Sehnsucht nach der »Zärtlichkeit« Gottes, ist wirklich neu. Die Frömmigkeit der Zisterzienser war nicht mehr die unterwürfige Huldigung eines unnahbaren göttlichen Pantokrators, sondern die liebevolle Zuneigung zum gekreuzigten und mitleidsvollen Jesus.

Daraus folgt wiederum eine Emotionalität in der Frömmigkeit, die wir heute auch sehr dringend brauchen würden. Was würde Bernhard über unsere aschenkalte Frömmigkeit heute sagen? An die Stelle der bloß ehrfürchtigen Gottesliebe tritt ein heißblütiges »Verliebtsein in Gott«. Das

Neue, das die zisterziensische Bewegung in Gang gebracht hat, kann man als »Erfahrungstheologie« bezeichnen. Die nüchternen Väter von Cîteaux und vor allem der Asket Bernhard sind von einem geradezu euphorischen Bedürfnis nach Gotteserfahrung geprägt. Vier Jahrhunderte später wird der französische Mathematiker Blaise Pascal nach einem dramatischen Bekehrungserlebnis von den »raisons du coeur« sprechen, die den Menschen noch mehr an Gott ziehen als der trockene Verstand. »*Experientiam magis require*«, »Suche vor allem die Erfahrung«, schreibt Bernhard in einem Brief an gelehrte Kleriker. Das heißt: Verliert euch nicht in spitzfindiger theologischer Gedankenakrobatik, sondern »sucht mehr die Erfahrung (Gottes)!« Unter den Schriften des Alten Testamentes findet sich auch ein Text, von dem viele Bibelwissenschaftler heute meinen, dass es sich ursprünglich um ein weltliches Liebeslied gehandelt haben könnte: das »Hohelied«. Dieses Buch, in dem die zärtlichen Dialoge zwischen einer Braut und einem Bräutigam wiedergegeben werden, wird nun zur »Magna Charta« der Zisterzienser. Es beginnt schon mit den Worten einer Braut an den Bräutigam: »Osculetur me osculo oris sui!« »Er küsse mich mit dem Kuss seines Mundes!« (Hoheslied 1,1). In zahllosen Ansprachen deuten die Väter die erotischen Anklänge des Hohenliedes bildlich aus. Dabei verstehen sie unter dem Bräutigam Jesus und unter der Braut die eigene Seele. Als Bernhard starb, gab man ihm ein Pergament mit ins Grab, das mit einem Vers aus dem Hohenlied der Liebe beschrieben war, über das Bernhard so viel meditiert hatte: »Ein Myrrhenbüschel ist mein Geliebter, zwischen meinen Brüsten wird er weilen.« (Hoheslied 1,12).

Es gibt vermutlich einen wichtigen psychologischen Faktor, warum die Frömmigkeit der Zisterzienser so affektiv und emotional war. Woher kommt dieses »euphorische Verliebtsein« in Gott? Vielleicht liegt es daran, dass die Zisterzienser es von Anfang an ablehnten, Kinder ins Kloster aufzunehmen, wie dies – auch gedeckt durch die Benediktsregel (Regula Benedicti 59) – ansonsten üblich war. Benediktinerklöster waren oft eine Art Versorgungsstation für nachgeborene Adelige, die ihre Kinder mittels der sogenannten »Oblation« in der Klosterschule abgaben. Faktisch war es so, dass die Kinder dann gleichsam in den Ordensstand hineinwuchsen, ohne jemals als Erwachsene das »normale Leben« kennenzulernen. Aufgrund der Oblation waren viele Mönche, die man noch vor der Pubertät ins Kloster gesteckt hatte, automatisch und entscheidungslos in das klösterliche Leben »hineingerutscht«. Bei den Zisterziensern findet man nun etwas Neues, nämlich die Erfahrung einer »Berufung« aus dem weltlichen Leben weg: Die Neueintretenden sind Männer, ja »gestandene« Männer mit Lebens- und Liebeserfahrung. Wir wissen beispielsweise genau, dass sich unter den 30 Gefährten, die Bernhard 1112 nach Cistercium mitbrachte, etliche schon verheiratet gewesen waren. Das waren Männer, die schon das menschliche Verliebtsein kannten, die die Liebe von Mann und Frau real erlebt hatten. So wird also die Gottesliebe der Zisterzienser von der Frauenminne der damaligen Zeit inspiriert. Aus Gottesliebe wird Gottesverliebtheit. Hätte Thérèse von Lisieux im 12. Jahrhundert gelebt, sie wäre sicher Zisterzienserin gewesen, denn ihre Frömmigkeit ist der jugendlichen »Verliebtheit« unserer Väter sehr ähnlich.

Ich glaube, dass die Frömmigkeitshaltung, die uns die frühen Zisterzienser lehren, wirklich ein Heilmittel gegen die derzeitige Stagnation und Depression des westlichen Christentums ist. In der Mitte steht Jesus, der menschgewordene Sohn Gottes. Diese Mitte haben wir in unseren Diskussionen oft aus den Augen verloren; die Folge davon ist, dass wir in der Gefahr stehen, unser kirchliches Leben gleichsam *neben* unserer Christusbeziehung zu gestalten. Das ist aber die Versuchung eines Strukturalismus, der dann in zwei Varianten auftreten kann, die beide geist- und lieblos sind: als antisakramentaler Reformismus oder als formenerstarrter Traditionalismus. Abhilfe kann nur schaffen, dass wir unsere latente Angst vor tiefer Frömmigkeit ablegen. Wir dürfen nicht übersehen, dass die Gesellschaft schon lange die Post-Moderne ausgerufen hat und überall ein »mystischer Duft« eingekehrt ist. Der kühle Wind einer rationalisierenden Moderne weht oft nur noch durch kirchliche Institutionen und Hörsäle. Mystik und Frömmigkeit freilich kann man nicht theologisch produzieren oder dozieren, Frömmigkeit muss sich entzünden. »*Magis ardere quam lucere!*«, sagt Bernhard: Du musst brennen, damit du leuchten kannst. Und dazu sind unsere Klöster da.

4. Von den Mönchen lernen

Arbeit, Leib und Seele

Auch wir Mönche sind von den industriellen und technischen Veränderungen betroffen. Das gilt vor allem für den Bereich der Arbeit. Mönche, die nicht arbeiten, gibt es nicht. Bei Gästen erleben wir zwei Varianten von Vorurteilen: Die einen verwechseln ein Zisterzienserkloster mit einer Art Ashram östlicher Prägung, wo es nur und ausschließlich um Meditation und geistige Erbauung geht. Östliche Religiosität ist geprägt von einer Dominanz des Geistigen, es geht dort vielfach tatsächlich darum, durch geistige Meditation den Schein dieses irdischen Lebens hinter sich zu lassen; es geht um das Abstreifen des Irdischen, das Vergeistigen, das Aussteigen. Wir Christen glauben an einen Gott, der nicht ausgestiegen, sondern in diese Welt herabgestiegen ist. Jesus Christus hat, so dürfen wir aus der Bibel schließen, dreißig Jahre als Handwerker gearbeitet, wie er es von seinem Nährvater Josef gelernt hatte. Kulturgeschichtlich ist durch den christlichen Glauben daher eine positive Neubewertung von manueller Arbeit eingetreten. Bei Cicero findet sich noch das abfällige Urteil: »Mit einem Arbeiter spreche ich nicht!« Arbeiter, also Sklaven, waren Menschen zweiter Klasse und galten als »Sache«.

Von großer Bedeutung für die Aufwertung der Arbeit ist die Benediktsregel. Im 48. Kapitel entwirft Benedikt einen Rhythmus von Arbeitszeit, Gebetszeit und Zeit für die Lesung. Da sich schon der Apostel Paulus rühmen konnte, sich durch sein Handwerk als Zeltmacher selbst erhalten zu können (1 Thessalonicher 2,9), schreibt Benedikt einen Satz, der eine immense Wirkung entfalten sollte: »Erst dann

Nach dem Chorgebet

sind sie wirkliche Mönche, wenn sie wie unsere Väter und die Apostel von ihrer Hände Arbeit leben.« (Regula Benedicti 48,8). Christusnachfolge und Arbeit, Mönchtum und Handarbeit gehören also zusammen. Dabei hält Benedikt die manuelle Handarbeit im 6. Jahrhundert für viel wichtiger, als dies noch die ägyptischen Mönchsväter wenige Jahrzehnte zuvor getan hatten: Diese konzentrierten sich so stark auf das Beten, dass sie nur zur psychologischen Ablenkung Körbe flochten. Die sie dann wieder händisch auflösten. Hier hat Arbeit keinen Sinn in sich, sondern ist nur Zweck der Meditation. Das war nicht christlich. Für Benedikt ist das Arbeiten auch vom Resultat her sinnvoll, man darf und soll sich über das Gelingen freuen. Nur stolz werden soll man nicht, wenn man ein Handwerk besonders gut beherrscht. Wer sich zu viel auf sein Können einbildet, dem muss man seine Tätigkeit wieder wegnehmen (Regula Benedicti 57,2). Arbeit ist also zugleich Instrument der Seelenkultur als auch der Produktivität. Daher wurden übrigens unsere alten, von den Mönchen erbauten Klöster so groß und prächtig, weil man sich am Gelingen freute.

Vorrangig kommt dem Tätigsein bei Benedikt ein spiritueller Sinn zu. Das größte Übel sieht er in der Faulheit, im »otium«. Das Nichtstun ist die schlimmste, die geradezu dämonische Gefahr für die Seele. Wörtlich heißt es: »Müßiggang ist der Seele Feind. Deshalb sollen die Brüder zu bestimmten Zeiten mit Handarbeit, zu bestimmten Stunden mit heiliger Lesung beschäftigt sein.« (Regula Benedicti 48,1). Wenn man nichts zu tun hat, dann stellt sich schnell eine »Fadesse« der Seele ein. Nur aus dem Zusammenspiel von spiritueller Seelenkultur (»ora«) und körperlicher Arbeitskultur (»labora«)

ergibt sich eine gesunde monastische Lebensform. Wer also in ein christliches Kloster kommt und meint, dass wir hier den ganzen Tag nur auf der Matte liegen und erbauliche Gedanken haben, der irrt! Ich habe einmal einen jungen Mann, der vor der Hochzeit noch die Firmung empfangen wollte, einfach ein Wochenende lang immer zu allem mitgenommen: Führung für Jugendliche, Taufgespräch, Abendmesse, Chorgebet … Nebenbei erteilte ich ihm Firmunterricht. Nach eineinhalb Tagen war er völlig erschöpft, nicht vom Firmunterricht, sondern von der Intensität des Einsatzes …

Wenn ein Besucher in ein Kloster kommt, dann sind sicher das Chorgebet und die Feier der Liturgie das, was am meisten beeindruckt. Aber er muss wissen, dass »dazwischen« unsere Arbeit liegt, auch wenn diese oft nur darin besteht, stundenlang am Computer zu arbeiten, E-Mails von Menschen in geistlicher Not zu beantworten, Bücher zu lesen – oder zu schreiben … Unser Leben ist eine Einheit von Gottesdienst und Weltdienst. Und darum lässt sich die Arbeit auch leicht aushalten, denn sie ist ja in sich sinnerfüllt. Und gerade der Wechsel von Arbeit und Gebet, von Meditation und Aktion, von Geistigem und Weltlichem, machen unser Leben nicht nur erträglich, sondern auch spannend. Immerhin ist das benediktinische »Management-Konzept«, das die Abwechslung von Gebet und Arbeit zum obersten Programm macht, schon seit eineinhalb Jahrtausenden bewährt. Es sichert nicht nur unseren Klöstern die wirtschaftliche Grundlage, sondern formt uns Mönche auch zu ausgeglichenen Persönlichkeiten.

Das zweite Vorurteil, das fast alle Gäste mitbringen, bezieht sich auf die Art der Arbeit. Die meisten haben ja naivromantische Vorstellungen vom Klosterleben und meinen, dass wir den ganzen Tag Gräser zupfen, Bienchen züchten und Bäumchen pflanzen. Um ehrlich zu sein: Manuelle Arbeit gibt es bei uns fast nicht. Man kann das bedauern, es ist jedoch eine Realität des 21. Jahrhunderts, dass Maschinen das, was früher durch Handarbeit gemacht werden musste, viel besser können. Als ich in den 1990er-Jahren Pfarrer in einer Pfarre des Wienerwaldes war, liebte ich es, dort im überschaubaren Pfarrgarten zu arbeiten. Es war meine Erholung, ja mein Vergnügen, den Rasen zu mähen, das Laub zu rechen, morsche Bäume umzuschneiden und neue zu pflanzen ... Als ich wieder in das Kloster zurückkehrte, vermisste ich diesen körperlichen Ausgleich und bat den damaligen Gartenmeister Pater Alban, mir eine möglichst herausfordernde Arbeit im Klostergarten zuzuweisen. Er drückte mir ein paar Handschuhe und einen Spaten in die Hand. Stundenlang schuftete ich damals in der Sonne, um das kleine Feld umzugraben. Jeder kennt das Erfolgserlebnis, das man hat, wenn man eine geplante Arbeit abschließen kann, noch dazu, wenn sie schweißtreibend war. Es war herrlich! Mein Hochgefühl verwandelte sich aber am nächsten Tag in eine veritable Frustration, als unser Gärtner dieselbe Fläche mit einem kleinen Häcksler nochmals umpflügte und zwar mühe- und schweißlos in nur zehn Minuten und dann den Rest des Gartens. Ich fühlte mich wie ein ägyptischer Körbeflechtermönch. Seither habe ich mich nicht mehr um eine manuelle Gartenarbeit bemüht, sondern alles daran gesetzt, im Kloster ein Fitness-Studio einzurichten, wo man den nötigen körperlichen Ausgleich findet. Summa summarum: Das romantische Klischee von der klösterlichen Gartenarbeit kann man getrost vergessen.

Natürlich gibt es vereinzelt körperliche Tätigkeiten, aber die meisten von uns sind (leider) sitzende Geistesarbeiter: Wir sitzen stundenlang vor dem Computer, um als Professoren unsere Vorlesungen vorzubereiten; die jungen Mitbrüder, die noch studieren, sitzen über ihren Büchern. Und auch bei Beichtgesprächen, bei der Ehe- oder Taufvorbereitung, sitzt man die meiste Zeit. Das ist psychisch schlecht, weil Gott uns Menschen nicht nur als Seele geschaffen hat, sondern wir sind ein Mix aus Materie und Geist, wir bestehen aus Leib und Seele. Man schadet sich, wenn man die Seele oder den Leib ignoriert. Dazu kommt, dass unser Zisterzienserorden eigentlich aus einer asketischen Begeisterung für die Handarbeit entstanden ist. Unseren heiligen Vätern ging es um den »*labor proprius*«, die »eigene Arbeit«. Denn sie wollten richtige Mönche sein, und dazu gehört nun einmal, wie die Benediktsregel sagt, die Handarbeit. Unsere Väter lehnten daher Lehenswirtschaft, Verpachtung und Leibeigenschaft kategorisch ab. Alle Arbeit, die im und um das Kloster anfiel, wurde von den Mönchen selbst verrichtet – damals wirklich harte körperliche Arbeit –, da ja meist nur minderwertiges Land zur Verfügung stand. Im 12. Jahrhundert hatte Europa bereits eine hohe Bevölkerungsdichte, sodass das gute Land – also das trockene Land – bereits an den Adel oder an die älteren benediktinischen Klöster verteilt war. Die Stiftung eines Zisterzienserklosters kann man in etwa mit der Ansiedelung eines Wirtschaftsbetriebes vergleichen. Da die Zisterzienser selbst arbeiteten, mussten sie nicht mit reichen Latifundien versehen werden, sondern es genügte ein Stück wertloses Land, meist sumpfiges Land am Zusammenfluss von Bächen und Flüssen, das noch unbesiedelt war. Dass sich auch kleine Adelige eine solche Stiftung leisten konnten, ist ein sozialgeschichtlicher Grund für die schnelle Ausbreitung des Ordens. Darum liegen fast alle Zisterzen in einem Tal oder zumindest einer Senke, während die älteren Benediktinerstifte meist auf hohen Bergkuppen thronen. Das hat nichts mit der angeblichen Demut von uns Zisterziensern zu tun, sondern mit dem geschilderten Umstand, dass einfach kein Trockenland mehr zur Verfügung stand. Unsere Väter machten aus der Not eine Tugend, erfanden neue Techniken und ausgeklügelte Systeme, um die Wasserkraft zu nutzen. Jedenfalls waren die Zisterzienser im Unterschied zu den nur betenden Cluniazensern körperlich gefordert und ausgelastet. Sogar der heilige Bernhard schreibt in einem Brief, dass er wegen der erschöpfenden Erntearbeiten nicht einmal mehr Zeit für die Feier der heiligen Messe gefunden hat.

Wie gesagt: Seit einigen Jahren gibt es bei uns im Kloster einen Sportraum, in dem sich mehrere Ausdauergeräte, aber auch schwere Gewichte für den Kraftsport befinden. Er wird nicht von allen frequentiert, aber von vielen. Mir selbst, der ich ein großer und körperlich plumper Mensch bin, hilft das Training zu größerer Ausgeglichenheit und stärkerer Belastbarkeit. Da ich fast nur mit dem Kopf arbeite, brauche ich es ganz einfach, mich ab und zu auszuschwitzen. Im Training sehe ich keine übernatürliche Wirkung, aber eine wichtige natürliche Wirkung, die sich doch auch auf meine Frömmigkeit auswirkt: Wenn man so richtig »ausgepowert« ist, schüttet der Körper sogenannte Endorphine aus, das sind Glückshormone. Ob man nun Gartenarbeit macht oder Hanteln drückt, ist den Endorphinen egal, sie zünden ein Gefühl der Freude und der Zufriedenheit. Nach dem Training ist das Leben wieder rund. Wenn ich dann zur Vesper eile und mich in die Weisen des Gregorianischen Chorals fallen lasse, dann erlebe ich die Nähe zu Gott viel intensiver. Aus dieser persönlichen Erfahrung heraus habe ich mir eine Theorie dafür zurechtgelegt, warum gerade unsere Zisterzienserväter es waren, die einen so neuen, so intensiven, so euphorischen Typus von Mystik entwickelt haben: Weil sie einen physischen Ausgleich zu ihren vielen Gebeten und Meditationen hatten. Tagsüber wurde hart gearbeitet, und als Lohn dann gleichsam beim Gebet die Entrückung in himmlische Sphären. Hier gilt der theologische Grundsatz, dass der liebe Gott »immer durch Zweitursachen handelt«. Warum nicht auch durch kleine Endorphine!

Das Wunder namens »Gemeinschaft«

Wir stellen fest, dass unsere Klöster auch deshalb viele Menschen anziehen, weil sie hier etwas erleben, das in der Welt immer weniger funktioniert: Gemeinschaft! Je mehr wir zu einer Gesellschaft von Singles und Egomanen werden, desto mehr wird »Gemeinschaft« zu einem Zauberwort für Glück und Lebenserfüllung. Kloster ist Gemeinschaft, unsere Berufung als benediktinische Mönche ist es, »gemeinsam zu leben«. Das christliche Mönchtum entwickelte sich im 4. Jahrhundert aus teilweise exotischen Formen der Gottsuche. Nach der Konstantinischen Wende war die äußere Bedrängnis für die Christen weggefallen; innerhalb kürzester Zeit stieg das Christentum zur Staatsreligion auf. Plötzlich war es opportun geworden, sich taufen zu lassen und Christ zu werden. Doch was an Quantität gewonnen wird, geht

meist an Qualität verloren! Es entstand eine richtige Mode-
bewegung von Christen, die es sich nicht »bequem« machen
wollten mit ihrem Glaubensleben, sie suchten Einsamkeit,
Abtötung und Askese, weil sie meinten, nur so dem gekreuzigten Christus nachfolgen zu können. Zunächst ging es um
ein individuelles Aussteigertum, dem auch die individuellen
Formen der Askese entsprachen, über die man heute nur
mehr den Kopf schütteln kann: Da setzten sich Säulensteher
jahrelang auf eine Säule, dem Wind und dem Wetter ausgesetzt; da ließen sich Menschen mit eisernen Ketten an Säu-
lenstümpfe anketten, um dort den ganzen Tag zu verbringen;
da zogen sich »Anachoreten«, Einsiedler, in die Wüste zurück, um menschenscheu und weltflüchtig in dürftigen Hüt-
ten oder Höhlen zu leben ... Der Ursprung des Mönchtums
ist vergleichbar mit einer Art Hippiebewegung von indivi-
dualistischen Alternativ-Christen. Doch diese ausgeflippten
Formen der Selbstkasteiung wären ins Nichts der Geschichte
versunken, hätten sich nicht allmählich Gemeinschaften ge-
bildet: zuerst lockere Jüngerkreise von Eremiten wie um den
Mönchsvater Antonius, dann organisiert bereits Pachomius
ganze Kolonien von gemeinsam lebenden Mönchen. Er sieht
für Übeltäter strengste Bestrafungen mit Stockschlägen, mit
Bußfasten und Gefängnishaft vor. Das waren jedoch noch
keine Klöster, sondern militärische Gebetskasernen. Am
Ende dieser pubertären Entwicklungsphase des Mönchtums
steht im 6. Jahrhundert Benedikt mit seiner Regel. Das ist
zugleich der Startschuss einer gesunden Entwicklung des
Mönchtums, denn von da an gibt es eine lebbare Grundlage
für das Gemeinschaftsleben, das Zönobitentum.
   Eine benediktinische Gemeinschaft ist schon etwas Be-

sonderes. Wir sind davon überzeugt, dass Gott es war, der uns hierher gerufen hat. In der Welt gibt es Gemeinschaft meistens aufgrund freiwilliger Entscheidung: Familie entsteht, wo Mann und Frau sich freiwillig und in Liebe verbinden; man entscheidet sich freiwillig, ob man sich in einem Sportverein, bei der Freiwilligen Feuerwehr, beim Kirchenchor oder in sonst einer Gemeinschaft von Gleichgesinnten engagiert. Und wenn es dort nicht passt, dann kann ich ja gehen. Bei uns Mönchen ist es doch sehr viel anders, denn wir können uns die Mitbrüder in keiner Weise aussuchen: Wir finden sie vor und müssen uns mit ihnen »arrangieren«, ja mehr noch: Wir müssen sie lieben, denn dazu hat uns der Herr Jesus Christus ja im Doppelgebot verpflichtet: »Du sollst den Herrn, deinen Gott, lieben mit ganzem Herzen und ganzer Seele, mit all deinen Gedanken und all deiner Kraft. Als zweites kommt hinzu: Du sollst deinen Nächsten lieben wie dich selbst. Kein anderes Gebot ist größer als diese

beiden.« (Markus 12,30f. parr). Gott ist insofern die Liebe, als er in sich »Gemeinschaft« ist, griechisch *»koinonia«*, lateinisch *»communio«*. Wir glauben an einen Gott, der in dreifacher *»communio«* als Vater, Sohn und Geist »die Liebe« ist. Das Thema Gemeinschaft führt also direkt in das Wesen des Dreifaltigen Gottes selbst. In einem Text des Zweiten Vatikanischen Konzils heißt es, dass es »unsere innerste Berufung« ist, »wenn wir in gegenseitiger Liebe und in dem einen Lob der Heiligsten Dreifaltigkeit miteinander Gemeinschaft haben.« (Lumen Gentium 51). Das ist das Ideal. Doch wie ist es möglich, ein Leben lang mit Menschen in Gemeinschaft, in liebevoller Gemeinschaft, zu leben, die man sich nicht ausgesucht hat?

Als ich mit 17 Jahren das erste Mal Kontakt mit dem Kloster hatte, war ich auch fasziniert. Ich hatte mir die Mönche als Sonderlinge und Eigenbrötler vorgestellt und traf auf humorvolle junge Männer, die zwar viel beteten, aber dann in der Freizeit durchaus miteinander blödelten und scherzten. Das erste Psalmwort, das ich kennenlernte, bezog sich auf Gemeinschaft. Der damalige Jugendseelsorger Pater Meinrad, der sich um junge Klostergäste wie mich kümmerte, zitierte es lateinisch, darum hat es sich mir umso mehr eingeprägt: *»Ecce quam bonum et iucundum habitare fratres in unum!«* »Seht wie schön und fröhlich es ist, wenn Brüder in Eintracht beieinander wohnen.« (Psalm 133,1).

Heute bin ich über drei Jahrzehnte mit den Mitbrüdern zusammen; heute weiß ich, dass auch unsere Gemeinschaft hier ihre Risse und Kratzer hat. Von manchen Mitbrüdern, die mir damals so unvoreingenommen locker begegneten, habe ich im Lauf der Zeit so manches Unlockere einstecken müssen – und sie wohl auch von mir … Aber es ist ja ohnehin eine Binsenweisheit, wenn ich hier sage, dass auch das Gemeinschaftsleben im Kloster nicht der Himmel auf Erden ist. Wo Menschen sind, da menschelt es. Wo Sünder sind, da sündelt es. Und trotzdem ist da etwas ganz Besonderes, etwas Schönes, Reines, Heiliges in unserem Zusammenleben. Das gilt auch im Grundsätzlichen, also von Kommunitäten, in denen die Harmonie der Charaktere und die Einheit in der Verbundenheit mit dem kirchlichen Lehramt nicht so dicht ist wie bei uns. Klösterliche Gemeinschaft ist etwas Besonderes, denn sie ist von Gott getragen und sie fügt Menschen zusammen, die zwar sehr verschieden sein können, denen aber doch das Eine gemeinsam ist: das Bemühen um Liebe zu Gott und zueinander.

Daher kann ich es verstehen, dass heute, wo die Tendenzen zum Single-Dasein und Individualismus noch stärker gewachsen sind, wo Gemeinschaft in den Ehen und Familien, in den Vereinen und Gruppierungen immer schlechter gelingt, Menschen vom klösterlichen Leben beeindruckt und angezogen sind.

Für unsere Jugendvigil etwa ist das gemeinsame Auftreten von uns Mönchen eine Art heilige »Strategie«. Ich war lange Zeit Pfarrer und habe versucht, Jugendliche zum Gebet zu motivieren. Aber da war immer ich allein es, der eingeladen hat, der begrüßt hat, der vorgebetet hat, der die Lieder ausgesucht hat … Bei unserer Jugendvigil haben wir das unter uns Mönchen aufgeteilt. Einige junge Mitbrüder spielen in der Band, andere begrüßen, einer hält die Predigt, der andere führt die Prozession an; wir spielen uns die Bälle gleichsam zu und zeigen, dass wir zusammengehören, dass wir im Kloster ein richtiges Team sind. Wir spielen das nicht nur, wir sind es wirklich. Wenn jemand ins Kloster kommt, dann gebe ich »an die Gemeinschaft ab«: Es ist nicht ein Besuch bei Pater Karl, sondern ein Erleben des Klosters als Gemeinschaft. Das funktioniert freilich nur deshalb, weil die Mitbrüder auch durchweg offen sind, Klostergäste aufzunehmen und sich um sie zu kümmern. In der Karwoche etwa gibt es das Angebot namens »Kl-Ostertage«: Junge Männer dürfen mit uns in der Klausur mitleben; sie helfen dann beim Osterputz, assistieren in der Liturgie und sind ganz in unser Leben integriert. Jeder von den jungen Männern bekommt dann einen Mitbruder als »Schutzengel« an die Seite gestellt, der sich um ihn kümmert. Das haben wir ähnlich gehalten, als die österreichischen Bischöfe sich bei uns zur Vollversammlung der Bischofskonferenz aufhielten: Freilich hatten da die Mitbrüder-Schutzengel nicht die Aufgabe, den Schutzbefohlenen in Glaubens- und Lebensfragen zu betreuen. Es genügte, ihnen die Wege durch das Labyrinth der Klosteranlage zu zeigen.

Zusammenspiel, Teamgeist und echte christliche »Communio« sind der Lebensnerv eines Klosters. Schon die frühen Christen beeindruckten die skeptisch gesinnten Heiden durch die Art und Weise, wie sie zusammenhielten: »*En in-quantum se diligunt!*« überliefert Tertullian das anerkennende Staunen: »Schaut, wie sehr die sich lieben!«

Die Bibel berichtet allerdings auch, dass es von Anfang an ein Ringen um das rechte Miteinander gegeben hat: Da wird von eifersüchtigen Aposteln erzählt, unter den ersten Jüngern sind Ehrsüchtige, Eifersüchtige und Streitsüchtige, Geizige, Choleriker und Faulenzer. Das »Team« um Jesus hat einige Probleme. Einer der Apostel ist es, der Jesus verrät.

Natürlich wird dort auch immer wieder von Umkehr und Bekehrung, von Zueinanderfinden und Versöhnung berichtet, etwa in der Beichte des Petrus gegenüber dem auferstandenen Herrn.

Gemeinschaft in einem Kloster kann nur gelingen, wenn wir uns aus der Liebe, die Gott uns schenkt, darum bemühen. Die natürliche Gemeinschaft wird aufgebaut durch die übernatürliche Gemeinschaft, die uns Gott schenkt. Die »Communio« untereinander wurzelt in der »Kommunion«, mit der wir täglich die heilige Messe feiern und den Herrn mit seiner Gnade empfangen. Kirche ist Gemeinschaft mit Gott und untereinander. Durch die Sakramente haben wir Anteil am Leib Christi. Bei den Vätern, vor allem bei Augustinus, bezeichnete der Ausdruck »Leib Christi« zuerst immer die Kirche, dann erst den eucharistischen Leib, den wir in der heiligen Kommunion empfangen. Das bekennende »Amen«, das wir beim Empfang der Kommunion sagen, ist daher immer ein »Ja, ich glaube!« zur Kirche. Daher hatte in der jungen Kirche die Feier der Eucharistie immer eine Doppelgestalt: zuerst feierte man das, was wir heute heilige Messe nennen würden, also die vertikale Gemeinschaft mit Gott. Dann aber folgte noch die »Agape«, das war in der Urkirche wohl ein richtiges gemeinsames Mahl.

Wie werden wir Mönche mit unseren Defiziten fertig? Wie gehen wir mit Spannungen, Rivalitäten, Zwisten und Streitigkeiten um? Die meisten Spannungen entstehen aufgrund von Hochmut, Ehrgeiz und Eifersucht. Einer unserer Professoren an der Hochschule erzählte folgenden Witz: »Eines Tages beschloss Gott, das vollkommenste Wesen zu schaffen. Und Gott schuf: den Theologieprofessor! Da trat Satan an Gott heran und sagte: Es ist nicht recht, dass Du ein solches Wesen geschaffen hast, denn es ist Dir zum Verwechseln ähnlich an Wissen und Weisheit. Da überlegte Gott und sprach: Du hast recht, er gleicht mir zu sehr. Ich will ihm einen Stachel ins Fleisch geben, damit er sich nicht überhebe. Und Gott schuf: den Kollegen!« Dies wage ich nur deshalb wiederzugeben, weil der Erzähler selbst ein deutscher Theologieprofessor ist. Und weil es analog auch für Mönche gilt. Es gibt immer ein Problem, das den Namen »Mitbruder« trägt. So wie es auch an jeder Arbeitsstelle die Herausforderung namens »Kollege« gibt. Im Kloster gibt es genügend Anstöße, die schon zu verletzter Eitelkeit oder kleinen inneren Erregungen führen können: da drückt einer mit seinem tiefen Anstimmen den Chorgesang hinunter, da macht einer die Verneigung zu tief, da drückt sich einer vor dem Tischdienst, da gibt einer die ausgeborgten Bücher nicht zurück usw. Je näher man miteinander lebt, desto verletzlicher wird man. Da genügen Winzigkeiten. Beim heiligen Bernhard findet sich eine pfiffige Aussage. Als er in seinem Kloster vor seinen Mönchen über die Feindesliebe predigt, also darüber, dass Christus uns geboten hat, nicht nur unsere Freunde, sondern auch unsere Feinde zu lieben, fügt er triumphierend an: *»Inimici tui in domo tua!«* Freue dich, denn deine Feinde wohnen im eigenen Haus. Du musst nicht in die Ferne schweifen, hier, an deinen Mitbrüdern kannst du dieses Jesusgebot erfüllen und deine Feinde lieben … Als Priester bekomme ich mit, dass es auch in den Ehen und Familien nicht anders ist, dass sich Lappalien wie eine nicht-zugedrehte Zahnpastatube, eine versalzene Suppe oder das Vergessen eines Hochzeitstages usw. zu Giftpilzen für die gegenseitige Liebe auswachsen können. Wo Liebe ist, kann Verwundung entstehen, wo Verwundung nicht geheilt wird, entsteht Feindschaft.

Im Zusammenleben wird man ja auch durch Dinge belastet, die der andere gar nicht in böser Absicht macht: Türzuschlagen, Falschsingen, Nasenbohren, Zu-spät-Kommen, Blöde-Fragen-Stellen usw. geschieht ohne sündhafte Absicht und kann einem trotzdem die Nerven rauben. Darum gibt es im Kloster auch im alltäglichen Umgang rituelle Formen der Höflichkeit, die Aggressionen hemmen oder abbauen sollen. So verneigen wir etwa stumm den Kopf voreinander, wenn wir uns auf dem Gang begegnen. Für das Chorgebet gibt es sogar eine liturgische Form wie man sich für kleine Fehler entschuldigt. Weil die Melodien des Chorals ziemlich kunstvoll sind, passiert es immer wieder, dass einer sich versingt. Wir sind ja keine Sänger, sondern Mönche. Trotzdem stören Fehler. Und da gibt es bei uns den Brauch, dass der, der den Fehler gemacht hat, sich entschuldigt, und zwar durch ein stilles Zeichen: der Falschsinger verbeugt sich tief und berührt mit der Hand kurz den Boden. So wissen alle: Er entschuldigt sich – und niemand braucht sich über die Störung zu ärgern. Wir nennen diesen Brauch die »Venia«, das rituelle Um-Verzeihung-Bitten.

Gerne erzähle ich das lustige und doch so prägende Erlebnis, das mir gleich an einem meiner ersten Klostertage als Novize widerfahren ist. Da saß ich beim entspannten Kaffee neben unserem damaligen Ökonomen Pater Adalbert, ein Deutscher und eine durchaus forsche Persönlichkeit. Er fixierte mich und sagte dann mit einem eisigen Lächeln: »Lieber Frater Karl, ich merke, dass Sie fromm sind. Sicher wollen Sie sehr heilig werden. – Da machen Sie sich mal keine Gedanken darüber, denn dafür werden WIR schon sorgen!« Ja, ich habe einiges erlebt im Kloster an heiligkeitsfördernder »Brüderlichkeit« … Doch zugleich war und bin ich auch selbst für viele meiner Mitbrüder ein Werkzeug der Heiligkeit, weil sie mich mit meiner Art ertragen müssen. Es ist ein Wechselspiel, ein Abenteuer, das nur mit Gottes Hilfe bestanden werden kann.

Mut zur Umkehr

Gemeinschaft funktioniert im Kloster, einigermaßen zumindest, indem wir die Demut haben, uns zu entschuldigen. Vielleicht ist das etwas, das man auch »in der Welt« neu propagieren sollte. Das Sich-Entschuldigen ist aus der Mode gekommen. Das ist verständlich, weil es unangenehm ist. Ich glaube aber, dass es auch für unsere Partnerschaften und Freundschafen und für jede Form von Zusammensein unverzichtbar ist, wenn man gut miteinander leben will. Hand aufs Herz: Um Verzeihung bitten kostet Überwindung. Aber: So tragisch ist es doch auch wieder nicht. Ein ehrliches, reuevolles »Entschuldige bitte« tut nicht weh. Es kostet auch nichts. Und doch hilft es zu einem froheren Leben miteinander.

Wenn Gemeinschaft gelingen soll, dann brauchen wir alle die beständige Bekehrung: Wir müssen den Mut haben, von der Kritik des anderen zur Selbstkritik unseres oft zum Götzen erhobenen Ego durchzustoßen. Jesus sagt: »Warum siehst du den Splitter im Auge deines Bruders, aber den Balken in deinem Auge bemerkst du nicht?« (Matthäus 7,3). Wir Mönche geloben daher ausdrücklich die »*conversatio morum*«, die

»Bekehrung der Sitten«. Man übersetzt diesen Begriff gerne mit dem allgemeineren »klösterlichen Lebenswandel«, im lateinischen »*conversatio*« steckt aber die »*conversio*«, also die beständige Bekehrung. Ich beziehe das vor allem auf das regelmäßige Beichten, aber auch darauf, dass man bereit sein muss, sich beständig vom lieben Gott neue Perspektiven schenken zu lassen. Die Umkehr ist eine Lebenshaltung, die einen davor bewahren soll, in Negativem zu erstarren.

Weil ich als Mönch ganz gute Erfahrungen mit dem Bemühen um beständige Bekehrung gemacht habe, würde ich mir wünschen, dass das Sakrament, das uns diese Bekehrung ermöglicht, unter den Christen wieder mehr geschätzt wird. Die Beichte ist eine Kraftquelle für seelische Stärke und frohes Miteinander. Warum nützen wir sie so wenig?

In der Öffentlichkeit, vor anderen, streichen wir gerne unsere Leistungen, unsere guten Seiten und unsere Erfolge heraus. In der Beichte geschieht das Gegenteil, denn wir müssen dort unsere dunklen Seiten offenlegen. Daher sind Scham und Beschämung vorprogrammiert. Und weil sich niemand gerne schämt, geht niemand gerne beichten … Natürlich auch wir Mönche nicht. Wir lieben das Resultat, also die Befreiung und Erleichterung, die man erfährt. Aber das Beichten selbst ist auch für uns eine Überwindung. Wichtig ist, dass Scham nicht zur Feigheit werden darf, denn der Glaube lehrt, dass uns im Priester Christus selbst begegnet. Der Priester, der uns zuhört, der uns berät, der uns losspricht, ist nur das menschliche Instrument für ein göttliches Wirken. Jedenfalls folgt auf die Beichte nicht nur eine psychologische Erleichterung, sondern es ist ein übernatürliches Erlebnis: »Wenn wir unsere Sünden bekennen, ist er – Gott – treu und gerecht; er vergibt uns die Sünden und reinigt uns von allem Unrecht.« (1 Johannes 1,9).

Wohin geht der Weg?

Die Frage »Wie kann man es ein Leben lang im Kloster aushalten?« ist im Prinzip dieselbe Frage, die sich grundsätzlich jedem Menschen stellt: »Wie kann ich dieses Leben überhaupt aushalten?« Klar, es gibt Augenblicke, die toll sind, wo man erfüllt und glücklich ist. Irgendwie sind wir alle dem Doktor Faustus ähnlich, der vom grenzenlosen Drang getrieben ist, das zu finden und zu entdecken, »was die Welt im Innersten zusammenhält.« Und dann fällt uns das Leben doch dauernd auseinander. Wir können viel im Leben erreichen, aber am Schluss überwiegen in unserer Lebensbilanz doch die unerfüllten Hoffnungen. Ich muss hier ein wenig »predigen«, denn die Sucht nach bloßer Lebensintensität ist eine Form von Selbstbetrug, dem ich die Schuld daran zuschreibe, dass heute so viele Menschen frustriert sind, ohne dass sie sagen können, warum. Ja, es gibt die tollen Erlebnisse, es gibt die glücklichen Stunden, es gibt das Mega-Wohlfühlen. Das Leben hat seine schönen Seiten. Aber es gibt keinen Himmel auf Erden. Wenn wir wie Doktor Faustus auf den Augenblick warten, zu dem wir sagen könnten: »Verweile doch! Du bist so schön!«, dann warten wir lange. Und ich fürchte, dass die Frustration und Depression, die ich als Priester bei vielen Wohlstandsmenschen erlebe, aus dieser falschen Erwartungshaltung stammt.

Wir Mönche könnten es im Kloster nicht aushalten, wenn wir nicht ein Ziel hätten. Ein inneres, geistiges Ziel. Der hei-

lige Benedikt öffnet gleich im Prolog seiner Regel einen endzeitlichen Horizont: Wir haben ein Ziel, dieses Ziel ist Gott.
Und auf diesen Gott zu sollen wir laufen, diesen Gott sollen wir suchen, diesem Gott sollen wir durch einen heiligen
Lebenswandel entgegeneilen. Das Klosterleben hat in sich
nur den Sinn, den Weg auf ein letztes Ziel zu beschreiben:
»Gürten wir uns also mit Glauben und Treue im Guten, und
gehen wir unter der Führung des Evangeliums seine Wege,
damit wir ihn schauen dürfen, der uns in sein Reich gerufen
hat. Wollen wir in seinem Reich und in seinem Zelt wohnen, dann müssen wir durch gute Taten dorthin eilen; anders
kommen wir nicht ans Ziel.« (Regula Benedicti, Prolog 21f.).

Jede Firma hat heute ein »Mission Statement«, wo kurz
und prägnant das Firmenideal und der Firmenzweck formuliert werden. Das Mission Statement unserer Lebensform als
Mönche ist es, einen Weg zu beschreiten, der in die Gemeinschaft mit Gott mündet. Benedikt gibt den Startschuss für
einen Lauf auf den unendlichen Horizont zu, der den Namen
Gott trägt. Ist das nicht das Ziel jedes Christen?

Ich leide sehr unter dem Verlust des »eschatologischen«
Bewusstseins unter den Christen. Denn Jesus hat seine Kirche nicht als einen reinen Weltbewältigungsverein gegründet, sondern er hat sie durch seine Auferstehung auf eine
große Hoffnung, auf ein unendliches Ziel verwiesen.

In meiner Kindheit hatte ich das große Glück, dass unser Kindergarten von geistlichen Schwestern betreut wurde.
Abgesehen davon, dass wir Buben unbedingt wissen wollten,
welche Haarfarbe sich hinter dem Schleier der Ordensschwes-
tern verbarg, bin ich sehr dankbar für die Kindergebete, die
wir dort gelernt haben. Eines hat mir besonders geholfen,

vielleicht weil es so extrem kindlich ist und sich deshalb besonders gut in Hirn und Herz einprägt. Es lautet: »In den Himmel will ich kommen, fest hab ich mirs vorgenommen. Mag es kosten, was es will: Für den Himmel ist mir nichts zu viel.« Viele Menschen wissen gar nicht, dass wir Christen in unserer Glaubenssprache unter dem Begriff »Himmel« nicht das Blaue über uns verstehen, sondern die transzendente Sphäre Gottes. Himmel steht für die geistige Gemeinschaft, für die Nähe, die Gott dem Menschen eröffnet.

Wie kann man es im Kloster aushalten? Indem man sich immer wieder dieses große Ziel vor Augen hält. Das bedeutet auch, dass man den Tod nicht ausklammern darf. Viele empfinden den Gedanken an die Begrenztheit des Lebens als Bedrohung für ihr Glücklichsein in der Gegenwart. »Wenn's mir doch so gut geht, warum sollte ich mir das vermiesen und an den Störfaktor Tod denken?!« Dann ist die große Verdrängung angesagt. Und wenn man dann auch noch an nichts mehr glaubt, dann hat man ohnehin einzig und allein die Option, den Tod möglichst weit aus dem Bewusstsein verdrängen zu müssen. Benedikt schreibt hingegen, dass sich der Mönch »den drohenden Tod täglich vor Augen halten soll.« (Regula Benedicti 4,47). Das heißt zwar nicht, dass wir dauernd ans Sterben denken, nein. Sehr wohl aber ist das Gebet für die Verstorbenen ein fixer Bestandteil aller unserer Gebetszeiten. Für mich selbst praktiziere ich eine geistliche Übung, die vielleicht etwas »steil« aussieht, die mir aber sehr hilft, mein Leben zurechtzurücken und die richtigen Prioritäten zu setzen. Gerade wenn ich überlastet bin oder spüre, dass ich in Gefahr bin, mich mental zu sehr auf etwas zu fixieren, dann halte ich eine kurze »Betrachtung vom guten Tod«. Ich setze mich einfach in die Kirche und stelle mir in meiner Fantasie vor, wie das wäre, wenn ich jetzt sterben müsste. Nochmals: Das ist steil, aber heilsam. Es löst Fixierungen auf und entspannt innere Verkrampfungen. Wie unwichtig werden plötzlich Dinge, an die man sich gerade noch geklammert hat, weil man ja realisiert, dass man das alles einmal loslassen muss. In Österreich sagt man über den Tod: »Man kann nichts mitnehmen.« Das ist nicht ganz richtig, denn etwas kann man mitnehmen: Die Liebe, die man verschenkt hat, die bleibt einem als Unterpfand für die Ewigkeit. Alles andere: Erfolg, gelungene Projekte, Ansehen, Geld (das haben wir sowieso nicht) usw. hält nicht. Als Priester habe ich schon oft Sterbenden beigestanden und war auch unmittelbar dabei, wenn der letzte Atemzug alles entkrampft. Was man gerade noch festgehalten hat, muss man loslassen. Darum ist das ganze Leben des Christen eigentlich eine Einübung in das Loslassen.

Im Kloster erlebt man sehr viel Schönes, aber natürlich auch viele Enttäuschungen. Dazu kommt, dass man in dieser extremen Lebensform ja irgendwie schutzlos seinen eigenen Stimmungen ausgesetzt ist. Zumindest bei mir ist das so, dass meine Gefühle oft stark schwanken. Wo ich gerade noch fröhlich und heiter war, kann plötzlich alles in Frustration und Grimm umschlagen. Und dann gibt es natürlich noch das Gefühl, dass ich meinen Aufgaben nachlaufe. Es ist eine kluge Regelung bei uns in Heiligenkreuz, dass auch wir Mönche Ferien machen dürfen. Jeder hat vier Wochen zur Verfügung, wo er sich außerhalb des Klosters erholen kann. Als junger Mönch habe ich das nicht genutzt, weil ich es in meinem damaligen Übereifer für »unmonastisch«, also für zu wenig klösterlich hielt. Die Folge war, dass meiner Seele nach einem Sommer, in dem ich ohne Erholung durchstudiert hatte, buchstäblich die Luft ausging. Ferien sind wichtig, aber sie schenken der Seele nur Atempausen auf Zeit. Wichtig ist es, in sich die Sehnsucht nach den »großen Ferien« beim lieben Gott wach zu halten. Ein Wort des heiligen Don Bosco, dem großen heiligen Jugendapostel des 19. Jahrhunderts, lautet: »Nur Mut, ein Stück Himmel macht alles wieder gut!« Dieses »Forza!« hilft mir in Stimmungstälern. Und es macht psychisch stark, um die »*opprobria*«, die »Widrigkeiten« zu ertragen, die der heilige Benedikt jedem Mönch voraussagt.

Der Sinn des Lebens besteht für Christen nicht bloß darin, dieses Leben zu leben. Ich ärgere mich, dass die östliche Formel »Der Weg ist das Ziel« so populär gemacht wird, denn sie ist eine Verkürzung. Natürlich ist der »Weg« – also die Suche nach Glück und Sinn – schon in sich positiv. Mir sind auch Menschen, die sich den Kopf zerbrechen über Gott und die Welt, lieber als solche, die einfach so dahinleben. Aber das »Der Weg ist das Ziel« wird oft verkürzt auf: »Genieße das Leben«, wobei der Nachsatz mitgemeint ist, ohne mitgesagt zu werden: »Denn danach kommt vielleicht ohnehin nichts mehr!« Der Slogan »Der Weg ist das Ziel« stimmt nur teilweise. Die christliche Variante muss lauten: »Unser Weg hat ein Ziel.« Freilich hat es Zeiten gegeben, in denen die Kirche den Eindruck erweckt hat, dass es ihr nur um den Himmel geht. So als wäre das Vertrösten auf ein besseres Jenseits die einzige Antwort auf menschliches Elend und soziale Not. Das war die Zeit, in der der Marxismus-Leninismus die Religion mit dem Wort »Opium des Volkes« aburteilen konnte. Die Zeiten haben sich geändert, und Christen zeigen heute durch ihr soziales Engagement sehr deutlich, dass es ihnen nicht nur um das Leben nach dem Tod geht, sondern auch um irdische Gerechtigkeit. Hingegen sind Marx, Lenin und Konsorten spätestens seit 1989 als die eigentlichen Opium-Dealer entlarvt, weil sie die Verheißung eines irdischen Paradieses als Narkotikum eingesetzt haben, um Völker jahrzehntelang diktatorisch zu unterdrücken. Das leninistische Paradies ist eine Utopie. Die ewige Gemeinschaft mit Gott aber ist seit der Auferstehung Christi eine Realität. Daher ist der religiöse Glaube an eine gottgesetzte Ewigkeit sogar ein Energetikum, um mit dem Leben fertig zu werden. Die Zielorientierung macht zwar weltlocker, aber sie macht keineswegs weltfremd. Christen, die an den Himmel glauben, krempeln gerade deshalb die Ärmel auf und packen an, wo Not herrscht oder wo etwas verbessert werden muss.

Meine Lebensform kann ich nur aushalten im Blick auf

den Himmel. Um als Mönch zu leben, habe ich auf viele andere Optionen verzichtet, die das Leben eines Menschen, auch eines Christen, erlaubterweise schön machen. Was Paulus im 1. Korintherbrief schreibt, müssen wir Ordensleute auf uns beziehen. Wenn es keine Auferstehung gibt, dann »sind wir erbärmlicher daran als alle anderen Menschen« (1 Korinther 15,19). Nun aber ist Christus von den Toten auferstanden, daher trägt mich eine Art Halleluja-Stimmung durch die Höhen und Täler dieses Lebens, bis ich – hoffentlich – einmal mit meinem Gott für immer vereint sein werde. Die Wichtigkeit des Lebenszieles ist mir so richtig erst bewusst geworden, als ich als junger Mönch einen alten Mitbruder im Sterben begleiten durfte. Der damalige Stiftsarchivar Pater Hermann Watzl, der sonst ein eher scheuer Mensch war, schätze mich. Er war 86 Jahre und zog mich zu Hilfsarbeiten im Archiv zu. Schon bald merkte ich, wie seine Kräfte nachließen, langsam aber kontinuierlich: zuerst konnte er keine weiten Strecken mehr gehen, nur mehr in die Kirche zur Feier der Messe; bald konnte er das Zimmer nicht mehr verlassen; dann folgte die Bettlägrigkeit und schließlich die Gewissheit des Abschieds. Wir Jungen wurden zur Nachtwache bei ihm eingeteilt. Für mich war das Eindrucksvollste, wie die Gemeinschaft im Kloster dieses Sterben begleitet hat. Menschliche Pflege: natürlich. Vor allem aber dieses hoffnungsvolle Abschiednehmen im Letzten: Wir versammelten uns alle, als er die Sterbesakramente, noch bei Bewusstsein, empfing. Wir brachten ihm täglich die heilige Kommunion. Und dann kam der Todeskampf. Die Konventglocke läutete und wir eilten alle an das Sterbebett, dicht gedrängt in dem kleinen Zimmer beteten wir kniend die uralten Sterbegebete, mit denen der christliche Glaube gebieterisch die Seele in die Ewigkeit Gottes hinüberschickt: *»Proficiscere anima christiana de hoc mundo!«* »Brich auf, christliche Seele, aus dieser Welt im Namen Gottes des allmächtigen Vaters, der Dich erschaffen hat, und im Namen Jesu Christi, des Sohnes des lebendigen Gottes, der für dich gelitten hat, und im Namen des Heiligen Geistes, der über dir ausgegossen ist ... Heute ist dir in Frieden sein Platz bereitet und seine Wohnung im himmlischen Jerusalem steht für dich bereit.« Und dann kniete ich als 20-Jähriger neben dem Sterbebett, als Pater Hermann einen letzten Atemzug machte. Es war für mich die erste und auch eindrucksvollste Erfahrung des christlichen Sterbens. Seither habe ich viele Menschen verabschiedet, jüngst auch meinen lieben Vater, der auch in die Hoffnung hinein gestorben ist. »Selig die Toten, die im Herrn sterben.« (Offenbarung 14,13). Ich möchte jedem raten, keine Scheu davor zu haben, liebe Menschen ins Sterben zu begleiten. Es gibt dem, der vielleicht nichts anderes mehr tun kann, als dem Sterbenden die Hände zu halten, viel mehr Kraft, als es einen kostet.

Es gibt kein eindrucksvolleres Zeugnis für den christlichen Glauben als das christliche Sterben. Am lautesten hat Papst Johannes Paul II. über die Hingabe an Gott und die Hoffnung auf Auferstehung gepredigt, als er vom nahen Tod schon so gezeichnet war, dass er verstummt war. Es läuft mir jetzt noch ein Schauer über den Rücken, wenn ich an die Szene denke, wo der Papst, der so viel gereist war und so viel verkündet hatte, den Mund zum Segen öffnete, aber keinen Laut mehr hervorbringen konnte. Dieses Verstummen ins Sterben hinein war die Predigt, die die ganze Welt verstanden hat. Und Millionen waren damals im April 2005 bei seinem Begräbnis und haben Abschied genommen, weil unsere Toten ja nicht einfach weg sind. Die Sorge der Kirche ist mit dem Sterben noch nicht zu Ende; sie nimmt aber eine neue Dimension an, denn es ist ein Werk der Barmherzigkeit, »die Toten zu begraben« (Tobit 1,18). Was ist trostreicher und auferstehungsfreudiger als die katholische Begräbniskultur.

Wir haben unseren Pater Hermann dann gewaschen und angezogen: Welche Würde nimmt ein siecher Leib plötzlich wieder an, wenn er mit dem Ordensgewand bekleidet ist! Und dann folgt bei uns die Aufbahrung in der Totenkapelle, die Totenwache, zu der wir Mönche stundenweise eingeteilt sind, die Totenmessen, die gefeiert werden. Über allem liegt Ernst und Freude. Das Begräbnis eines Mönches ist besonders feierlich: Wir tragen den Leichnam zuerst von der Totenkapelle in die Klosterkirche, wo die feierliche Totenmesse stattfindet. Danach geht es auf den Friedhof zur Grablegung. In unserem Zisterzienserritus knien wir alle am offenen Grab nieder und beten dreimal: »*Domine, miserere super peccatore!*« »Herr erbarme dich des Sünders!« Das ist christlicher Realismus, der erst einmal davon ausgeht, dass jeder, aber auch wirklich jeder das Gebet braucht, weil er Sünder ist. Wenn man auf Beerdigungen oft Ansprachen hört, wo in Lobeshymnen eine Art Heiligsprechung vorgenommen wird, überkommt mich immer ein Schauer des Befremdens. Eine gewisse rosa Brille mag erlaubt sein, aber man sollte den Trost doch so geben, dass man dabei nicht lügen muss. Jeder Verstorbene braucht das Gebet um Reinigung von den Sünden und um Aufnahme in den Himmel. Bei uns ist das Begräbnis eine überaus feierliche Zeremonie. So feierlich, dass sich ein Jesuit nach einem – zweistündigen – Begräbnis die Bemerkung nicht verkneifen konnte: »Also ihr feiert das schon recht ordentlich, wenn ihr einen losgeworden seid!«

Mönchtum steht also für transzendente Zielorientierung. Die perfekte christliche Lebensphilosophie angesichts des unausweichlichen Todes hat der heilige Martin von Tours, der sich am 11. November großer Popularität erfreut, formuliert. Martin starb im Jahre 397 und war der Erste, der als Heiliger verehrt wurde, ohne ein blutiges Martyrium erlitten zu haben. Ich durfte schon an der Stelle in Candes, einem kleinen Dorf am Zusammenfluss von Loire und Vienne stehen, wo Martin gestorben ist. Eines natürlichen Todes, vermutlich an Altersschwäche. Seine letzten Worte lauteten: »*Mortem non timeo, vivere non recuso!*« Das heißt: »Ich fürchte mich nicht zu sterben. Und ich habe auch nichts dagegen, noch ein wenig weiterzuleben.«

»Geh fort, wenn du kannst«

Die deutsche Schriftstellerin Luise Rinser hat im Alter einiges geschrieben, das ich nicht empfehlen möchte. Ihr Roman »Geh fort, wenn du kannst« stammt aus ihrer Anfangszeit. Es ist ein Volltreffer, was die Darstellung von Gnade, Ruf und Ergriffenheit bedeutet. Luise Rinser führt uns dabei in die Zeit der Partisanenkämpfe im Italien der Jahre 1943 bis 1946. Angelina, Tochter aus vornehmem Haus, ist eine Partisanin. Mit ihrer Freundin nimmt sie am Widerstand gegen Faschisten und Nazis teil. Als glühende Kommunistin ist sie fanatische Atheistin. Als sie in einem Schwesternkloster aufgenommen, versteckt und liebevoll respektiert wird, löst dies in Angelina eine innere Erschütterung aus, doch bleiben beide ihren atheistischen Idealen treu. Nach wirren Gefechten in den Bergen verlieren sich die beiden Freundinnen und finden sich in einem verlassenen Benediktinerkloster wieder. Hier, in dem verwüsteten Kloster, wird Angelina von einer inneren Kraft ergriffen, die sie treibt, die Ruinen wiederaufzubauen. Über dem Klosterportal steht der Spruch »Geh fort, wenn du kannst«. Er stammt aus den Dialogen Gregors des Großen über den heiligen Benedikt. Als am Ende des Krieges die Nonnen in ihr Kloster zurückkehren, erleben die beiden Frauen ihre letzte Läuterung: Sie finden zum christlichen Glauben zurück und Angelina sogar den Weg ins Kloster.

An diesem irgendwie schlichten und geradlinigen Roman berührt mich etwas zutiefst. Vielleicht ist es, dass ich dieses »Geh fort, wenn du kannst« selbst in meinem Leben erfahren habe. Es bezieht sich auf diese Lebensform als Priester, als Mönch, als Zisterzienser eines konkreten Klosters namens Heiligenkreuz im Wienerwald. Ich habe mit meinen Erzählungen nicht nur eine Tür in unser Klosterleben öffnen wollen, sondern auch in Ihr Herz. Ich wollte mich an das Motto halten, das unsere Zisterzienserväter geprägt haben: »Patent portae, magis cor!« »Unsere Türen stehen offen, noch mehr aber unser Herz!« Jetzt hoffe ich, dass der liebe Gott in Ihrem Herzen ankommen darf. Jetzt bitte ich ihn, dass er durch mein Geplaudere hindurch seinen Job tut, dass er Sie innerlich anrührt und Ihnen diese Berührung zum Segen wird.

Wenn Sie es konkret erleben wollen, dann kommen Sie doch! Europa ist immer noch übersät mit Ordensgemeinschaften. In diesem Buch habe ich vieles über mein Kloster und meine spezifischen Erfahrungen im Stift Heiligenkreuz

Die Turmzinnen des Stiftsarchivs bei Sonnenuntergang

erzählt. Ich bitte aber, dass Sie sich nicht auf uns fixieren. Halten Sie doch, wo auch immer Sie zu Hause sind, einmal Ausschau, ob nicht auch in Ihrer Nähe eine christliche »Oase« der Stille und des Gebetes zu finden ist. Begegnen Sie unserem Mönchtum, der christlichen Spiritualität, und werden Sie aufmerksam auf den heiligen Gott. Unsere Klöster sind eine Wirklichkeit. Man kann sie besichtigen; man kann sich als Gast in sie zurückziehen; man kann am Gebet der Mönche oder Nonnen teilnehmen. Hier können Sie vielleicht sogar das »Geh fort, wenn du kannst« an sich selbst real erleben. Unsere Klöster sind faszinierend, weil Gott noch viel faszinierender ist.

Bibliografische Information der Deutschen Nationalbibliothek

Die Deutsche Nationalbibliothek verzeichnet diese Publikation in der Deutschen Nationalbibliografie; detaillierte bibliografische Daten sind im Internet über http://dnb.d-nb.de abrufbar.

MIX

Papier aus ver-
antwortungsvollen
Quellen

FSC® C005833

Verlagsgruppe Random House FSC-DEU-0100
Das für dieses Buch verwendete FSC-zertifizierte
Papier *Munken Premium Cream* liefert
Arctic Paper Munkedals AB, Schweden.

1. Auflage
Copyright © 2011 by Gütersloher Verlagshaus, Gütersloh,
in der Verlagsgruppe Random House GmbH, München

Coverfoto: Rudolf Zöchling
Innenteilfotos: www.stift-heiligenkreuz.at (Jerko Malinar, cross-press.net; Rudolf Zöchling u.a.)
Druck und Einband: Těšínská tiskárna, a.s., Český Těšín
Printed in Czech Republic
ISBN 978-3-579-06568-7

www.gtvh.de